CLASSIQUES EN POCHE

*Collection
dirigée
par
Hélène Monsacré*

Dans la même collection

SUÉTONE

VIES DES DOUZE CÉSARS
CLAUDE ~ NÉRON

Texte établi et traduit par Henri Ailloud
Introduction et notes de Jean Maurin

Quatrième tirage

LES BELLES LETTRES

2013

Dans la même collection (suite)

*Ce texte et la traduction
sont repris du volume correspondant
dans la Collection des Universités de France (C.U.F.),
toujours disponible avec apparat critique et scientifique.
(Suétone, Vies des Douze Césars, tome II, 10ᵉ tirage, 2010)*

© 2013, Société d'édition Les Belles Lettres,
95 bd Raspail 75006 Paris.
www.lesbelleslettres.com

Premier tirage 1998

ISBN : 978-2-251-79904-9

INTRODUCTION

*par Jean Maurin**

S'il s'agissait de personnages de roman, la fiction pourrait paraître quelque peu exagérée, mais s'agissant des deux hommes qui furent, en leur temps, les plus puissants du monde, leur histoire peut par moment réellement stupéfier. Comment ces deux princes de Rome, aux caractères si opposés, l'un débile, Claude, l'autre pervers, Néron, ont-ils pu si longtemps diriger tant d'hommes, tant de contrées, tant de richesses ? Est-ce le temps ? est-ce les mœurs ? Lecteurs de ces histoires, tantôt nous avons l'impression d'être dans un décor et parmi des hommes si familiers qu'on pourrait les désigner de noms contemporains, tantôt, à l'opposé, transportés dans un monde pour nous si étranger que nous ne comprenons plus ce qui le fait agir. Du moins si tout ce qui est raconté doit être tenu pour vrai.

Ces portraits d'empereurs nous sont tracés par un auteur dont nous ne connaissons que quelques aspects de la vie et très peu de l'œuvre ; pourtant ces quelques jalons sont pleins d'intérêt et d'enseignements.

Une jeunesse romaine

Suétone *(Caius Suetonius Tranquillus)* est né vers 70 dans une famille de noblesse équestre. C'est lui-même

* Maître de conférence à l'Université Paris-VIII.

qui nous parle de son père, chevalier romain. Celui-ci était tribun militaire en 69 dans l'état-major de l'éphémère empereur Othon, quand celui-ci fut vaincu à Bédriac par les armées de son concurrent Vitellius. « Mon père, Suetonius Laetus, prit part à cette campagne comme tribun de la treizième légion. Plus tard, il aimait à raconter qu'Othon [...] ». Les souvenirs et les témoignages des générations précédentes ont imprégné sa jeunesse et, fréquemment, dans ses ouvrages reviennent des formules comme « j'ai même entendu raconter par des vieillards... » « J'ai entendu plusieurs personnes dire... ». Ainsi, à propos de Caligula : « Pendant mon enfance, j'ai entendu mon grand-père raconter que, d'après les confidences de personnes au fait des secrets de la cour... » Toute cette histoire des premiers empereurs a, dès son enfance, de près ou de loin, façonné la mémoire de ce jeune Romain.

Comme tout enfant de chevalier il dut recevoir une éducation qui comportait l'enseignement de la grammaire et de la rhétorique ainsi qu'une formation juridique, sans négliger l'exercice physique destiné à l'entraînement d'un futur officier. Avocat, officier, administrateur, telle était la carrière qui normalement s'offrait à lui, la poésie, l'écriture, la lecture et l'étude venant compléter l'activité d'un homme bien né.

Les deux amis

Dans cette société romaine où rien ne pouvait se faire sans appui, sans soutien, sans protection, Suétone a eu la chance d'avoir comme ami un sénateur de grande famille et très introduit à la cour impériale, ayant la confiance et l'affection de l'empereur Trajan : Pline le jeune, préfet du trésor, curateur du Tibre, augure, consul, gouverneur de Bithynie. Entre le sénateur illustre et le chevalier inconnu, de sept ans son cadet, ce ne fut pas seulement un patronage parmi d'autres, ce fut une vraie et profonde amitié faite de sympathie et d'estime réciproques, comme nous allons le voir. La correspondance de Pline nous permet de suivre cette amitié, entre 97 et 113, et d'entrevoir quelques traits de la personnalité de Suétone, vu par son ami. C'est d'abord une lettre où on le découvre jeune et modeste chevalier, cherchant à acquérir un petit domaine à la périphérie de Rome, ce qui suppose sinon une grande richesse, du moins une aisance certaine ; on apprend par la même occasion qu'il est ami intime de Pline et que celui-ci le considère comme un homme qui consacre son temps libre à l'étude.

« Pline à son cher Baebius Hispanus,
[Suetonius] Tranquillus, un de mes intimes, veut acheter une petite terre que, dit-on, cherche à vendre un de vos amis [...] Dans [celle-ci], si le prix lui en sourit, bien des choses [le] séduisent : le voisinage de la ville, la commodité de la route, les dimensions convenables de la maison, la surface moyenne du domaine propre à distraire sans trop absorber. Car, pour les propriétaires adonnés, comme lui, à l'étude, il est bien suffisant pour y reposer son esprit et y refaire ses yeux, pour en faire le tour en flânant, faire des allées et venues sur le même chemin, connaître tous ses pieds de vigne, pouvoir dénombrer tous ses arbustes. »

En cette même année 97, l'intimité des deux hommes apparaît dans une autre lettre où Suétone, qui fait ses débuts au forum, demande l'intervention de son ami pour faire ajourner le procès qu'il doit plaider. Il a fait un rêve qui pour lui est de mauvais présage. Pline lui répond : « Tu m'écris qu'un songe qui t'a épouvanté te donne à craindre quelque mésaventure pour ton procès, tu me demandes d'obtenir un délai et un renvoi sinon à quelques jours, du moins à la prochaine audience. Ce n'est pas facile mais j'essayerai [...]. Je me charge de découvrir quelque expédient et je plaiderai, moi, ta cause pour que tu puisses plaider celle de ton client comme tu le souhaites. » Et Pline explique à son jeune ami comment, dans des circonstances semblables, il avait fait pour vaincre son trac.

Né d'un père chevalier, Suétone devait, pour suivre la carrière équestre qui s'offrait à lui, accomplir trois années de service militaire comme officier dans une légion. C'est ce qu'un peu plus tard il se prépare à faire quand il demande comme une faveur à son ami Pline de lui trouver un office auprès d'un de ses amis commandant les légions. Pline lui obtient une fonction de tribun auprès de L. Neratius Marcellus, qui part pour la (Grande-) Bretagne. Mais, au dernier moment, Suétone renonce à ce poste et demande qu'il soit transféré à un membre de sa famille. Est-ce un devoir de solidarité familiale qui motive ce changement ? Est-ce un mouvement de recul devant l'éloignement que suppose cette garnison ? Nous en sommes réduits aux conjectures, mais cela vaut une très belle lettre de Pline à son ami :

« Tu fais preuve de ton habituelle délicatesse à mon égard en prenant tant de précautions pour me demander le transfert à Cesennius Silvanus, un de tes parents, du tribunat militaire que je t'ai obtenu [...]. En ce qui me concerne, s'il m'était très agréable de te voir, toi, devenir tribun, il ne me plaît pas moins de voir un autre dans ce poste grâce à toi. Car il ne me semble pas convenable de vouloir procurer à quelqu'un un surcroît de dignité et lui interdire la pieuse solidarité familiale qui est plus belle que toutes les dignités. Et puis je me dis qu'il est aussi louable de mériter une faveur que de l'accorder, et toi tu vas t'assurer ces deux mérites en donnant à autrui ce qui t'avait été donné. De plus je comprends que de la considération rejaillira sur moi puisque, de ton fait, nul n'ignorera que mes amis sont non seulement capables d'exercer le tribunat, mais qu'ils peuvent même le donner.

Aussi j'accède à ton souhait si respectable. Ton nom n'ayant pas encore été inscrit sur le rôle, il nous est donc aisé d'y substituer celui de Silvanus. Je souhaite que ton service lui soit aussi agréable que le mien te l'a été. »

Suétone, après ce refus, a-t-il effectué dans une autre garnison ses trois ans de service comme officier ? Ou bien a-t-il été dispensé comme cela était parfois possible ? Nous l'ignorons. En tout état de cause, cela ne l'empêcha pas d'accomplir un peu plus tard une excellente carrière, toujours avec l'aide de Pline.

En attendant, il semble continuer à travailler à ses ouvrages. Il fait lire à son ami ce qu'il écrit. Mais il n'a encore rien publié en 105-106, époque à laquelle il reçoit de Pline l'objurgation suivante : « Ton ouvrage est venu à un point de perfection où la lime ne saurait plus le polir, mais seulement l'affaiblir. Donne-moi le plaisir de voir ton nom à la tête d'un livre; d'entendre dire que l'on copie, que l'on veut lire, qu'on lit, qu'on achète les œuvres de mon cher Suétone. »

Quelques années plus tard, en 108-109, c'est Pline qui consulte très familièrement Suétone sur ce qu'il doit faire à propos des poèmes qu'il écrit et qu'il veut faire entendre à des amis :

« Tire-moi d'embarras : on dit que je lis mal, du moins la poésie; car pour les discours, ça va, mais pas pour les vers. J'envisage donc pour une lecture que je vais donner à des amis, en toute simplicité, d'essayer un de mes affranchis. Là aussi, c'est en toute simplicité, car je n'ai pas choisi un bon lecteur, mais un lecteur meilleur que moi, ça je le sais, si toutefois il n'est pas intimidé. Car il est aussi novice en lecture que moi en poésie.

Pour moi je ne sais pas ce que je vais faire pendant la lecture, rester assis sans un mot, sans un geste, comme indifférent, ou bien comme d'autres accompagner ce qu'il lira d'un murmure, d'un regard, d'un geste ? Mais je crois que je suis aussi mauvais mime que mauvais lecteur. Je répète, tire-moi d'embarras et réponds-moi franchement : vaut-il mieux lire très mal que faire ou pas ce que je viens de te dire ? »

En 111-113, une nouvelle preuve de la bienveillance de Pline lui est donnée : il s'agit d'intervenir auprès de Trajan pour obtenir à son ami une rare faveur. Ce sera la dernière marque de son amicale bonté, puisque Pline, alors gouverneur de Bithynie, meurt peu après dans sa province.

« C. Plinius à l'Empereur Trajan. Suetonius Tranquillus, homme très probe, très honnête, très savant, dont je suis la vie et les travaux depuis longtemps, maître, est devenu mon intime et je me suis mis à l'aimer d'autant plus que je l'ai connu alors de plus près. Il est indispensable qu'il ait le droit réservé aux pères de trois enfants, pour deux raisons : d'abord, il mérite le bien que lui veulent ses amis; ensuite, son mariage n'a pas eu le bonheur d'une progéniture et il en est à solliciter de ta bonté, par notre intermédiaire, ce que la malignité du sort lui a refusé. Je sais, maître, l'importance de la faveur que je demande, mais je la demande à celui qui a toujours accédé à tous mes désirs. Tu peux, en outre, te représenter combien j'y tiens par le fait que je ne la demanderais pas de si loin si je n'y tenais pas beaucoup. »

Ce droit des pères de trois enfants valait un certain nombre d'exemptions et conférait des privilèges, il n'était concédé qu'avec parcimonie, ce que Trajan rappelle dans sa réponse à Pline. Pourtant, sur la seule recommandation de son gouverneur, il accorda aussitôt à Suétone le privilège demandé.

La gloire et la disgrâce

C. Septicius Clarus, lui aussi protecteur des lettres et des arts, grand ami de Pline qui lui avait dédié sa correspondance, prit alors Suétone sous sa protection. Et il lui fit atteindre le sommet de sa carrière équestre. Hadrien, parvenu au pouvoir deux ans plus tôt, fit de Septicius Clarus son préfet du prétoire. Celui-ci obtint pour Suétone un poste de secrétaire d'État aux « lettres latines ». C'était un poste très important dans le gouvernement de l'Empire, et certainement ce qui convenait le mieux à un homme comme Suétone. Il avait sous sa direction un personnel nombreux, chargé de toute la correspondance impériale. Il est fort probable, sans que nous le sachions, que Suétone avait assumé d'autres charges civiles avant d'être ainsi promu à de si hautes fonctions. En tout cas, il avait déjà publié (vers 113) son *De viris illustribus* et était sur le point de publier ses *Vies des Douze Césars*. Il était donc devenu un de ces hommes d'étude qu'Hadrien commençait à promouvoir dans son personnel politique. Sa fonction ouvrait à notre auteur toutes les archives impériales : ce lieu, auquel très peu de gens pouvaient accéder, contenait tous les écrits publics et privés, non seulement des empereurs mais aussi des membres importants de la cour. On imagine aisément le trésor que pouvaient représenter ces archives pour un Suétone avide de découvertes et soucieux de documents authentiques. On trouve le résultat de ces explorations dans les premières *Vies*. Pour ne citer qu'une preuve significative, notons cette remarque dans la « Vie de Néron » : « Il m'est tombé sous la main des notes et des brouillons contenant certains vers de [Néron] très connus : or il est facile de voir qu'ils n'avaient pas été copiés ni écrits sous la dictée de quelqu'un, mais incontestablement tracés par un homme qui médite et compose, tant il y avait de ratures, d'additions et de surcharges. » On imagine aisément combien le passage à ce poste a pu l'occuper et le combler.

C'est le moment d'épanouissement pour Suétone, il écrit, il publie. Il entre même dans une certaine faveur auprès d'Hadrien. Nous le voyons à l'un de ces menus épisodes qu'il aime à rapporter dans le cours de son texte : toujours curieux et passionné de tout témoignage du passé, il est tombé un jour dans une boutique d'antiquités sur une statuette représentant Auguste. Le bronze était gravé d'une épithète authentique mais extrêmement rare de celui-ci. Il l'acheta pour l'offrir au prince. Hadrien fit grand cas du présent qu'il rangea parmi les lares qu'il gardait dans sa propre chambre à coucher.

Cet heureux temps dura peu. Le rideau tombe brutalement. Quelques mots de l'*Histoire Auguste* nous apprennent qu'en 122 Septicius Clarus, le préfet du prétoire, fut renvoyé de la cour, Suétone avec lui, ainsi que beaucoup d'autres, ajoute le biographe d'Hadrien. La raison semble difficile à croire, tant elle est simple : ils n'avaient pas su se montrer assez déférents à l'égard de l'épouse de l'empereur ! On préfère généralement penser qu'une coterie s'est imposée au détriment d'une autre. Mais, à partir de ce moment, on perd la trace de Suétone. Cependant, il vécut suffisamment de temps pour écrire une somme d'ouvrages dont les titres, et parfois quelques extraits, sont parvenus jusqu'à nous.

L'œuvre de Suétone

En plus du *De viris illustribus* et des *Vies des Douze Césars*, Suétone a écrit, aussi bien en grec qu'en latin, d'autres ouvrages qui sont mentionnés dans une liste du lexique de Suidas :

— un livre sur les jeux des Grecs (jeux privés de dés ou jeux d'enfants et d'adolescents) ;

— un traité sur les mots injurieux ;

— un livre sur les signes de critique ou d'abréviation ;

— un livre sur le *De Re publica* de Cicéron ;

— deux livres sur les jeux publics des Romains, ouvrage qui a servi de modèle et de source au *De spectaculis* de Tertullien ;

— un livre sur l'année romaine ;

— un traité sur le costume des Romains ;

— deux livres sur les usages et les mœurs des Romains.

Par ailleurs nous savons qu'il a écrit d'autres ouvrages qui ne figurent pas dans la liste de Suidas. Ainsi :

— le *De institutione officiorum*, livre écrit à l'occasion des réformes réalisées par Hadrien dans les offices de l'État ;

— un traité sur *les courtisanes célèbres* ;

— le *De regibus* en trois livres, traitant des rois d'Europe, d'Asie et d'Afrique ;

— le *De rebus variis ;*

— les *Prata*, « les Prairies », qui semble être un ouvrage encyclopédique traitant d'histoire naturelle.

Ce catalogue, dont on ne peut dire s'il est exhaustif, montre à quel point la curiosité et le travail de Suétone étaient variés. Cette constatation doit nous retenir de limiter l'écrivain au seul ouvrage que nous connaissons, et nous permet en revanche de mieux comprendre la composition et certains aspects de ces *Vies des douze Césars*.

La biographie selon Suétone

Lorsque paraissent les *Vies*, Tacite a déjà publié sur la même période historique les *Histoires,* en 106, et les *Annales,* en 115-116, récit circonstancié et chronologique des événements et des hommes qui ont fait l'histoire de Rome, de Tibère à Domitien. Suétone ne pouvait ignorer ces ouvrages. Certainement par goût personnel, mais également parce qu'il ne pouvait redoubler l'œuvre de l'historien, Suétone se place d'un point de vue différent. Sa conception de l'histoire de l'Empire n'est pas chronologique mais généalogique. Il détaille en quelque sorte l'arbre généalogique constitué par ces personnages qui depuis César ont façonné la cité de Rome et, à travers elle, le monde qu'elle contrôle. Et, face à ces hommes, son regard se porte sur certains aspects

(species), presque toujours les mêmes : origines, formation, passions, qualités, défauts, comportement public,
comportement privé, etc., avec toujours pour seul souci
d'analyser par catégories ces hommes, en ne laissant
passer aucun détail jugé significatif. D'où l'aspect très
dramaturgique de la composition de ces vies : au centre
un personnage principal autour duquel tout s'ordonne,
même les acteurs historiquement importants demeurant
des personnages secondaires qui ne sont là que comme
faire-valoir. Les événements historiquement détermi-
nants sont eux-mêmes laissés hors champ et n'apparais-
sent qu'à travers ce qu'en ressent le personnage principal. Il n'est pas étonnant, dans ces conditions, que
Suétone ait été lu pendant des siècles, que ses vies aient
servi à construire des tragédies, des opéras, des romans
et désormais des films ou des séries télévisées ; peu
étonnant également que ses vies paraissent à toutes les
époques d'une surprenante actualité.

Cependant, ce qui demeure le plus intéressant dans
l'art de Suétone, c'est sans doute que la force qui se
dégage de ses portraits ne vient pas de la fiction, de
l'embellissement de la réalité, encore moins de la
reconstitution de dialogues ou de discours, usage pourtant constant à son époque, mais au contraire de deux
moyens très simples, et qu'il est le premier, semble-t-il,
à utiliser : d'abord, la rupture avec le discours chronologique qui ne fournit plus l'habituelle causalité, et, en
second lieu, l'emploi de faits constatés ou de documents
authentiques soigneusement choisis, mais donnés dans
leur dépouillement le plus total.

Ces faits, où les a-t-il puisés ? Dans les œuvres d'his-
toriens, comme Servilius Nonianus pour Claude ou
Fabius Rusticus pour Néron, mais aussi dans des récits
de contemporains qu'il a pu connaître et interroger. Il a
aussi dépouillé les documents officiels comme les pro-
cès-verbaux des séances du sénat *(acta Senatus)* ou le

journal officiel de l'Empire *(acta diurna)*, les recueils de prodiges toujours soigneusement interrogés à Rome et dont Suétone fait grand usage, tous les écrits qu'il a pu retrouver des empereurs ou de leurs proches, peut-être les *Mémoires* d'Agrippine, dont parle Tacite, les archives privées des grandes familles et leurs documents généalogiques.

À Rome, ceux qui lisaient et ceux qui écrivaient étaient souvent les mêmes, en tout cas appartenaient au même milieu, le milieu aristocratique sénatorial et équestre ; Suétone a donc eu, selon toute probabilité, entre les mains des pamphlets plus ou moins clandestins, des recueils de bons mots *de* ses personnages et *sur* ses personnages.

La richesse et la diversité de l'information montrent que rares sont les documents disponibles qui ont pu échapper à l'investigateur minutieux que fut Suétone.

Parmi les *Douze Césars*, deux vies sont ici présentées, qui sont aussi deux cas pathologiques : d'un côté, l'anormal physiologique, Claude – et c'est à peu près ainsi qu'Auguste décrit le fils de Tibère dans sa lettre à Livie –, et, de l'autre côté, l'anormal psychologique qui finira par perdre tout sens du réel et sombrer dans le délire, Néron.

Mais peut-être est-il nécessaire de dire rapidement ce que furent leurs deux règnes.

Le règne de Claude

Quand il arrive au pouvoir, dans les circonstances surprenantes décrites par Suétone, ce n'est certes pas un personnage attirant, mais il apparaît vite doué de réalisme et fait preuve d'une ruse certaine, celle-là même qui l'avait protégé de bien des embûches dans le milieu mortifère qu'était devenu la cour des Césars pour tout prétendant au pouvoir.

Les débuts de son règne furent perçus comme une saine réaction aux déréglements de Caligula. L'amnistie, l'interdiction des procès de majesté, la dissolution des collèges lui valurent l'appui de toute l'aristocratie, ainsi rassurée. D'une manière très intelligente et très réaliste, en contradiction avec l'esprit prétendu inconséquent et incohérent dénoncé par Auguste et souligné par Suétone, Claude mit à profit cet accord avec les notables romains pour constituer autour de lui, en s'aidant d'affranchis choisis et dévoués, une monarchie centralisée, avec un véritable gouvernement dépendant du prince et dont les finances, pièce essentielle, furent séparées du trésor public, resté sous le contrôle du sénat.

De grands travaux furent entrepris dans un but utilitaire pour assurer le ravitaillement régulier en eau (acqueduc claudien) et en blé (port d'Ostie) de Rome, devenue une énorme agglomération qui ne pouvait vivre sans les ressources fournies par toutes les contrées de son empire sous le contôle d'un service centralisé : la préfecture de l'annone. La sécurité intérieure de la cité en dépendait. Cette œuvre de Claude a constitué l'ossature des institutions impériales du Haut Empire.

Si Claude s'appuya sur ses affranchis, ceux-ci le poussèrent à accroître le rôle de l'ordre équestre, ainsi que la place des provinciaux dans l'empire. Claude a accordé généreusement le droit de cité et même ouvert l'ordre sénatorial aux aristocraties provinciales.

S'il ne fut pas lui-même un homme de guerre, il sut choisir les hommes compétents qui assurèrent la conquête de la (Grande-) Bretagne, dernière grande conquête de Rome en Occident.

Cependant, ce règne, au total bénéfique pour l'Empire, connut une fin difficile. La cause de ces difficultés tient à l'absence d'une règle de succession explicite. Au cours du Ier siècle, cette absence de principe successoral transforma toutes les successions impériales en crises politiques redoutables.

Claude vieillissant, obsédé par les femmes, laisse celles-ci occuper une place de plus en plus grande dans le palais et dans la politique. Ses deux dernières épouses furent tour à tour à l'origine de dangereux complots. Pour cette raison, Messaline fut exécutée en 48. Elle laissait à Claude deux enfants, Britannicus et Octavie. Agrippine, épousée malgré ses liens de parenté étroits avec Claude, arrivait avec un fils plus âgé que Britannicus. L'empereur adopta cet adolescent qu'il maria à sa fille Octavie. Dès lors, un nouveau complot devenait inéluctable, qui allait éliminer Claude et donner l'empire à Néron.

Le règne de Néron

Né en décembre 37, Néron n'avait pas encore dix-sept ans quand il arriva au pouvoir. Tout plaçait sous les plus heureux auspices cet être « charmant, jeune, traînant tous les cœurs après soi ». Et les premières années de son règne semblent avoir répondu à cette attente née du contraste évident de sa personnalité avec celle du vieux prince, son père adoptif auquel il succédait. Il eut de cinq à sept ans de bon gouvernement. Même la mort de Britannicus ne fut pas ressentie immédiatement comme un crime qui lui fût imputable. L'usage réel ou supposé du poison hantait l'histoire de toutes les grandes familles romaines, servait de raison à beaucoup de morts inexpliquées et alimentait sans cesse les rumeurs, ce qui n'en excluait pas l'emploi.

Néron avait un talent considérable, entretenu et conforté par l'éducation de jeune prince qu'il reçut, selon la volonté de sa mère, sous la direction de Sénèque. Il dessinait, peignait, sculptait, composait des poèmes, ainsi que le voulait toute bonne éducation aristocratique : Auguste composait des poèmes, Germanicus écrivait des pièces pour le théâtre, Pline et beaucoup d'autres faisaient de même. Néron ajouta à cela le chant et la musique instrumentale que, de son propre aveu, il étudiait et pratiquait comme un vrai professionnel. Aucun de ces aspects de la personnalité de Néron n'avait de quoi choquer l'esprit romain du temps. L'armée et l'administration impériales héritées de Claude sont bien dirigées par des personnalités de valeur, le ravitaillement de Rome fonctionne bien.

C'est le despotisme apparu à partir de l'assassinat d'Agrippine et développé après la disparition de Sénèque et de Burrus qui change l'appréciation de son règne. Si Néron perd la confiance du sénat et de l'aristocratie, encore garde-t-il la faveur de la foule, dont il se veut le héros, par une très habile mise en scène de son pouvoir et de sa propre personne sur fond d'idéologie solaire. Mais, incapable de diriger l'empire, il se lance, sous l'influence et avec la complicité de sa nouvelle femme Poppée et de son favori Tigellin, dans une vie extravagante de débauches. Les difficultés financières, puis le grand incendie de Rome achèvent de rendre son pouvoir insupportable. Il n'est probablement pas responsable de cette catastrophe, mais il en assume les conséquences en bâtissant sur les terrains brûlés et les maisons détruites un palais considérable, la *Domus aurea*, où esthétique, programme politique et mise en scène de l'idéologie du pouvoir se mêlent ; à des époques plus récentes, on a pu observer des tentatives analogues dans des constructions comme le Louvre, Versailles, les palais de Pierre le Grand, de Frédéric II ou de Louis de Bavière.

On peut mettre à l'actif de Néron d'avoir réuni autour de lui, dans une sorte d'académie néronienne, des écrivains, des musiciens et des artistes, mais aussi, ce qui est nouveau, des ingénieurs qui vont soutenir le goût prononcé qu'il a toujours marqué pour la technique et que l'on reconnaît dans les grands travaux projetés ou réalisés, dans les mécanismes étonnants en fonction dans son palais ou dans les instruments de musique complexes qu'il se faisait construire (orgue hydraulique).

Néron avait tout pour lui, la jeunesse, le talent et le pouvoir ; quelle démesure l'a fait basculer dans le crime et la folie pour finir, à trente ans, comme une bête traquée ? Peut-être donne-t-il lui même la réponse quand il dit qu'« avant lui nul prince n'avait su jusqu'où pouvait aller son pouvoir ».

VIES DES DOUZE CÉSARS

CLAUDE ~ NÉRON

LIBER V

DIVVS CLAVDIVS

I. | Patrem Claudi Caesaris Drusum, olim Deci-
mum mox Neronem praenomine, Liuia, cum Augusto
grauida nupsisset, intra mensem tertium peperit, fuit-
que suspicio ex uitrico per adulterii consuetudinem
procreatum. Statim certe uulgatus est uersus :

Τοῖς εὐτυχοῦσι καὶ τρίμηνα παιδία.

Is Drusus in quaesturae praeturaeque honore dux
Raetici, deinde Germanici belli Oceanum septemtrio-
nalem primus Romanorum ducum nauigauit transque
Rhenum fossas naui et immensi operis effecit, quae
nunc adhuc Drusinae uocantur. Hostem etiam frequenter caesum ac penitus in intimas solitudines actum
non prius destitit insequi, quam species barbarae mu-
lieris humana amplior uictorem tendere ultra sermone
Latino prohibuisset. Quas ob res ouandi ius et triumphalia ornamenta percepit ; ac post praeturam con-

---

1. Région s'étendant des Alpes au cours supérieur du Danube plus
étendue que l'actuelle Bavière.

LIVRE V

CLAUDE

I. Drusus, le père de l'empereur Claude, qui porta d'abord le prénom de Decimus, puis celui de Néron, fut mis au monde par Livie trois mois à peine après qu'Auguste l'eut épousée étant grosse, et l'on soupçonna qu'il était le fils adultérin de son beau-père. En tout cas, aussitôt fut en vogue le vers suivant :

Les gens heureux ont même des enfants en trois mois.

Ce Drusus, dirigeant pendant sa questure et sa préture la guerre de Rhétie [1], puis celle de Germanie, fut le premier général romain qui navigua sur l'Océan septentrional [2], et il fit creuser au-delà du Rhin, entreprise délicate et gigantesque, les canaux qui encore aujourd'hui portent son nom. En outre, il écrasa souvent l'ennemi, le repoussa au plus profond de ses solitudes, et n'arrêta sa poursuite que devant l'apparition d'une femme barbare de grandeur surhumaine, qui, en latin, défendit au vainqueur de pousser plus avant. Pour ces exploits, il reçut l'ovation et les insignes du triomphe ; puis, devenu

---

2. La Mer du Nord. Le rivage des Flandres était différent de ce que le travail incessant des hommes en a fait depuis le Moyen Âge.

festim inito consulatu atque expeditione repetita supre-
mum diem morbo obiit in aestiuis castris, quae ex eo
Scelerata sunt appellata. Corpus eius per municipio-
rum coloniarumque primores, suscipientibus obuiis
scribarum decuriis, ad urbem deuectum sepultumque
est in campo Martio. Ceterum exercitus honorarium
ei tumulum excitauit, circa quem deinceps stato die
quotannis miles decurreret Galliarumque ciuitates
publice supplicarent. Praeterea senatus inter alia
complura marmoreum arcum cum tropaeis uia Appia
decreuit et Germanici cognomen ipsi posterisque eius.
Fuisse autem creditur non minus gloriosi quam ciuilis
animi ; nam ex hoste super uictorias opima quoque
spolia captasse summoque saepius discrimine duces
Germanorum tota acie insectatus, nec dissimulasse
umquam pristinum se rei p. statum, quandoque posset,
restituturum. Vnde existimo nonnullos tradere ausos,
suspectum eum Augusto reuocatumque ex prouincia
et, quia cunctaretur, interceptum ueneno. Quod equi-
dem magis ne praetermitterem rettuli, quam quia
uerum aut ueri simile putem, cum Augustus tanto
opere et uiuum dilexerit, ut coheredem semper filiis
instituerit, sicut quondam in senatu professus est, et
defunctum ita pro contione laudauerit, ut deos pre-
catus sit, « similes ei Caesares suos facerent sibique
tam honestum quandoque exitum darent quam illi

---

3. 9 av. J.-C.
4. Greffiers des édiles et des questeurs, qui formaient quatre décuries
et se considéraient comme les égaux des chevaliers romains.
5. Les dépouilles opimes étaient les armes prises par un chef romain à

consul à l'issue même de sa préture, il reprit son expédition et mourut de maladie dans ses quartiers d'été [3], qui, pour ce motif, reçurent le nom de « camp maudit. » Son corps fut transporté à Rome par les premiers citoyens des municipes et des colonies, remis ensuite aux décuries des scribes publics [4] venus à sa rencontre, et enseveli au Champ de Mars. Par ailleurs, l'armée lui éleva un cénotaphe, autour duquel, désormais, tous les ans, à une date déterminée, les soldats devaient défiler, et les cités des Gaules, offrir des sacrifices, à titre public.

En outre, le sénat, parmi de nombreux autres honneurs, lui vota un arc de triomphe en marbre avec des trophées, sur la voie Appienne, et le surnom de Germanicus, transmissible à ses descendants. On croit qu'il y avait chez Drusus non moins de passion pour la gloire que de simplicité civique ; en effet, dit-on, il ne lui suffisait pas de vaincre l'ennemi, mais il tenait à lui enlever les dépouilles opimes [5], et souvent il poursuivit les chefs des Germains avec toutes ses troupes, en courant les plus grands dangers ; d'autre part, il n'aurait jamais dissimulé qu'il rétablirait, quand il le pourrait, l'ancienne république. Voilà pourquoi, je pense, certains ont osé prétendre qu'Auguste, le tenant pour suspect, le rappela de sa province, et, comme il tardait, le fit disparaître en l'empoisonnant. À vrai dire, si j'ai rapporté cette opinion, c'est pour ne rien omettre, et non parce que je la crois fondée ni même vraisemblable, car Auguste eut pour Drusus l'affection la plus vive : tant qu'il vécut, il l'institua toujours son héritier avec ses fils (Caius et Lucius Caesar), ainsi qu'il le déclara un jour au sénat, et, lorsqu'il fut mort, prononçant son éloge devant l'assemblée, il alla jusqu'à prier les dieux « de rendre ses chers fils (Caius et Lucius César) semblables à lui, et de lui réserver à lui-même plus tard une mort aussi glorieuse que la sienne. »

un chef ennemi à la suite d'un combat singulier.

dedissent. » Nec contentus elogium tumulo eius uersibus a se compositis insculpsisse, etiam uitae memo-
riam prosa oratione composuit. | Ex Antonia minore
complures quidem liberos tulit, uerum tres omnino
reliquit : Germanicum, Liuillam, Claudium.

II. | Claudius natus est Iullo Antonio Fabio Afri-
cano conss. Kal. Aug. Luguduni eo ipso die quo primum ara ibi Augusto dedicata est, appellatusque Tiberius Claudius Drusus. Mox fratre maiore in Iuliam
familiam adoptato Germanici cognomen assumpsit.
Infans autem relictus a patre ac per omne fere pue-
ritiae atque adulescentiae tempus uariis et tenacibus
morbis conflictatus est, adeo ut animo simul et corpore hebetato ne progressa quidem aetate ulli publico
priuatoque muneri habilis existimaretur. Diu atque
etiam post tutelam receptam alieni arbitrii et sub
paedagogo fuit ; quem barbarum et olim superiumen-
tarium ex industria sibi appositum, ut se quibuscumque
de causis quam saeuissime coerceret, ipse quodam libello
conqueritur. Ob hanc eandem ualitudinem et gladia-
torio munere, quod simul cum fratre memoriae patris
edebat, palliolatus nouo more praesedit ; et togae
uirilis die circa mediam noctem sine sollemni officio
lectica in Capitolium latus est.

III. Disciplinis tamen liberalibus ab aetate-prima
non mediocrem operam dedit ac saepe experimenta
cuiusque etiam publicauit. Verum ne sic quidem quic-

6. 10 av. J.-C.
7. La prise de la toge virile, bien qu'événement privé, se faisait en plein

Enfin, non content d'avoir fait graver sur sa tombe une épitaphe en vers dont il était l'auteur, il écrivit même en prose l'histoire de sa vie. Drusus eut beaucoup d'enfants d'Antonia, la cadette, mais trois seulement lui survécurent : Germanicus, Livilla et Claude.

II. Claude naquit sous le consulat de Jullus Antonius et de Fabius Africanus [6], le premier août, à Lyon, le jour même où l'on y consacra pour la première fois un autel à Auguste, et il fut appelé Tiberius Claudius Drusus. Ensuite, quand son frère aîné fut adopté par la famille Julia, il prit le surnom de Germanicus. Il perdit son père dès son plus jeune âge et, durant presque toute son enfance et sa jeunesse, fut éprouvé par diverses maladies persistantes, si bien que, faible d'esprit comme de corps, on le jugea inapte, même à un âge plus avancé, à toute fonction publique ou privée. Pendant longtemps, et même après qu'il fut sorti de tutelle, il resta sous la garde d'autrui et sous la direction d'un précepteur : lui-même se plaint dans un mémoire que cet homme, – un barbare, autrefois chef-palefrenier –, ait été placé à dessein auprès de lui pour le châtier, au moindre prétexte, le plus cruellement possible. Toujours en raison de sa santé, lors d'un combat de gladiateurs qu'il donnait avec son frère en mémoire de Drusus (leur père), il présida un capuchon sur la tête, contrairement à tous les usages, et quand il prit la toge virile, on le porta en litière au Capitole, vers le milieu de la nuit, sans aucune solennité [7].

III. Pourtant, dès son plus jeune âge, il s'appliqua sérieusement aux études libérales et souvent même fit connaître au public ses essais dans chaque genre. Mais,

jour, au milieu de parents, d'amis et de clients, particulièrement dans les grandes familles nobles.

quam dignitatis assequi aut spem de se commodiorem
in posterum facere potuit. | Mater Antonia « porten-
tum eum hominis » dictitabat, « nec absolutum a natura,
sed tantum incohatum » ; ac si quem socordiae argue-
ret, « stultiorem » aiebat « filio suo Claudio ». Auia
Augusta pro despectissimo semper habuit, non affari
nisi rarissime, non monere nisi acerbo et breui scripto
aut per internuntios solita. Soror Liuilla cum audis-
set quandoque imperaturum, tam iniquam et tam
indignam sortem P. R. palam et clare detestata est.
Nam auunculus maior Augustus quid de eo in utramque partem opinatus sit, quo certius cognoscatur,
capita ex ipsius epistulis posui.

IV. | « Collocutus sum cum Tibério, ut mandasti,
mea Liuia, quid nepoti tuo Tiberio faciendum esset
ludis Martialibus. Consentit autem uterque nostrum,
semel nobis esse statuendum, quod consilium in illo
sequamur. Nam si est artius, ut ita dicam, holocleros,
quid est quod dubitemus, quin per eosdem articulos et
gradus producendus sit, per quos frater eius productus
sit ? sin autem ἠλαττῶσθαι sentimus eum et βεβλάφθαι
καὶ εἰς τὴν τοῦ σώματος καὶ εἰς τὴν τῆς ψυχῆς ἀρτιότητα,
praebenda materia deridendi et illum et nos non est

---

8. Livie, femme d'Auguste et mère de Drusus, prit le nom d'Augusta à
la mort de son mari.
9. Auguste était le grand-oncle de Claude par sa sœur Octavie, l'autre
grand-mère de Claude.

malgré cela, il ne put acquérir aucune considération ni faire mieux augurer de lui pour l'avenir. Sa mère Antonia l'appelait couramment « une caricature d'homme, un avorton simplement ébauché par la nature », et quand elle taxait quelqu'un de stupidité, elle le déclarait « plus bête que son fils Claude. » Sa grand-mère Augusta (Livie) [8] eut toujours pour lui le plus profond mépris : elle ne lui parlait que très rarement et ne lui donnait ses avis que par des billets durs et brefs, ou par des tiers. Sa sœur Livilla, ayant entendu dire qu'il serait un jour empereur, déplora publiquement et à voix haute que pareil malheur et pareille honte fussent réservés au peuple romain. Quant à son grand-oncle Auguste [9], pour faire connaître plus sûrement ce qu'il pensa de Claude, en bien ou en mal, j'ai cité quelques passages de ses lettres.

IV. « Comme vous me l'avez demandé, ma chère Livie, je me suis entretenu avec Tibère de ce que devait faire votre petit-fils Tibère (Claude) [10] pour les jeux du dieu Mars [11]. Nous sommes tous deux d'accord sur la nécessité de décider une fois pour toutes quelle conduite nous devons suivre vis-à-vis de lui, car s'il est normal, et, dirais-je, sain de corps et d'esprit, pour quel motif hésiterions-nous à l'élever en lui faisant franchir les mêmes échelons et les mêmes étapes qu'à son frère (Germanicus) ? Si, au contraire, nous jugeons qu'" il lui manque quelque chose, qu'il ne possède pas toutes ses facultés, soit au point de vue physique, soit au point de vue mental", nous ne devons pas nous exposer,

10. Claude s'appelait Tiberius Claudius Drusus.
11. Ils se déroulaient le 1er août pour commémorer la dédicace du temple de Mars. Il peut s'agir ici des jeux célébrés par Auguste en 12 ap. J.-C.

hominibus τὰ τοιαῦτα σκώπτειν καὶ μυκτηρίζειν εἰωθόσιν.
Nam semper aestuabimus, si de singulis articulis temporum deliberabimus, μὴ προὔποκειμένου ἡμῖν posse
arbitremur eum gerere honores necne. In praesentia
tamen quibus de rebus consulis, curare eum ludis
Martialibus triclinium sacerdotum non displicet nobis,
si est passurus se ab Siluani filio homine sibi affini
admoneri, ne quid faciat quod conspici et derideri
possit. Spectare eum circenses ex puluinari non placet
nobis ; expositus enim in fronte prima spectaculorum
conspicietur. In Albanum montem ire eum non placet
nobis aut esse Romae Latinarum diebus. Cur enim non
praeficitur urbi, si potest sequi fratrem suum in montem ? Habes nostras, mea Liuia, sententias, quibus
placet semel de tota re aliquid constitui, ne semper
inter spem et metum fluctuemur. Licebit autem, si
uoles, Antoniae quoque nostrae des hanc partem epis-
tulae huius legendam. » Rursus alteris litteris : |
« Tiberium adulescentem ego uero, dum tu aberis,
cotidie inuitabo ad cenam, ne solus cenet cum suo
Sulpicio et Athenodoro. Qui uellem diligentius et minus
μετεώρως deligeret sibi aliquem, cuius motum et
habitum et incessum imitaretur. Misellus ἀτυχεῖ· nam

12. Il s'agit ici du fils de M. Plautius Silvanus dont Claude épousa la
fille Urgulanilla. Avant même ce mariage, des liens de parenté existaient entre la famille des Plautii Silvani et la famille des Claudii
Nerones.

en même temps que lui, aux railleries des gens, "habitués à se moquer et ricaner de pareilles choses" ; car nous flotterons toujours, si nous délibérons à chaque occasion, "sans avoir par avance établi" si nous le jugeons capable ou non d'exercer les magistratures. Mais, dans les circonstances présentes, pour répondre à la question que vous me posez, nous ne nous opposons pas à ce qu'il s'occupe, lors des jeux de Mars, du festin des prêtres, à condition qu'il se laisse diriger par le fils de Silvanus [12], son parent, qui lui épargnera toute bévue susceptible d'être remarquée et de faire rire. Nous ne voulons pas qu'il assiste aux jeux du cirque dans notre loge, car ainsi exposé au premier rang des spectateurs, il attirera les regards. Nous ne voulons pas qu'il aille sur le mont Albain, ni qu'il soit à Rome pendant les fêtes latines. Pourquoi, en effet, ne pas le mettre à la tête de la ville, s'il peut suivre son frère sur le mont Albain ? Telles sont nos décisions, ma chère Livie, et nous voulons prendre parti une bonne fois pour toutes en cette affaire, afin de ne pas être continuellement ballottés entre l'espérance et la crainte. Vous pourrez, si vous le désirez, faire lire aussi à (sa mère) notre chère Antonia cette partie de notre lettre. » Il écrit encore dans une autre lettre : « C'est entendu, pendant votre absence, j'inviterai tous les jours à dîner le jeune Tibère (Claude), pour qu'il ne soit pas seul à table avec ses familiers Sulpicius [13] et Athénodore. Je voudrais qu'il se choisît avec plus de soin et moins "d'inconséquence" un compagnon dont il pût imiter les gestes, la tenue et la démarche. Le pauvre garçon "n'a pas de chance" ! car,

---

13. Sulpicius est sans doute le Sulpicius Flavus qui collabora avec Claude pour écrire une histoire de Rome (voir plus bas chap.41).

ἐν τοῖς σπουδαίοις, ubi non aberrauit eius animus, satis apparet ἡ τῆς ψυχῆς αὐτοῦ εὐγένεια. »   Item tertiis litteris : | « Tiberium nepotem tuum placere mihi declamantem potuisse, peream nisi, mea Liuia, admiror. Nam qui tam ἀσαφῶς loquatur, qui possit cum declamat σαφῶς dicere quae dicenda sunt, non uideo. » | Nec dubium est, quid post haec Augustus constituerit, *ut* reliquerit eum nullo praeter auguralis sacerdotii honore impertitum ac ne heredem quidem nisi inter tertios ac paene extraneos *e* parte sexta nuncuparet, legato *quo*que non amplius quam octingentorum sestertiorum prosecutus.

V. | Tiberius patruus petenti honores consularia ornamenta detulit ; sed instantius legitimos flagitanti id solum codicillis rescripsit, « quadraginta aureos in Saturnalia et Sigillaria misisse ei. » Tunc demum abiecta spe dignitatis ad otium concessit, modo in hortis et suburbana domo, modo in Campaniae secessu delitescens, atque ex contubernio sordidissimorum hominum super ueterem segnitiae notam ebrietatis quoque et aleae infamiam subiit.

---

14. Les augures, élus à vie, formaient un collège et étaient seuls habilités à prendre les auspices. Il ne s'agit en rien d'une révélation de l'avenir, mais seulement de savoir si l'action à entreprendre a ou non l'approbation des dieux.
15. C'était un certain nombre de privilèges de costume ou de place qui permettaient de se mêler aux anciens consuls sans avoir géré effectivement cette magistrature.

"dans les affaires sérieuses", quand son esprit n'est pas égaré, on voit suffisamment apparaître "une âme bien née". » Il dit de même dans une troisième lettre : « Ma chère Livie, j'ai pu écouter avec plaisir votre petit-fils Tibère (Claude) prononcer un discours, et je veux mourir, si je reviens de ma surprise, car je ne vois pas comment il peut, lui qui s'exprime "avec tant de confusion", dire "nettement" ce qu'il faut, lorsqu'il parle en public. » Il n'y a pas de doute sur la décision qu'Auguste prit par la suite puisqu'il l'écarta de toute charge, sauf du sacerdoce augural [14], et même, ne l'institua pas héritier, si ce n'est en troisième ligne, presque comme un étranger, pour un sixième, avec un legs particulier ne dépassant pas huit cent mille sesterces.

V. Son oncle Tibère, auquel il demandait les honneurs, lui accorda les insignes consulaires [15], mais comme Claude réclamait avec insistance des charges effectives, il se contenta de lui répondre par lettre « qu'il lui envoyait quarante pièces d'or [16] pour les Saturnales et les Sigillaires [17] ». Alors seulement, renonçant à espérer les honneurs, il se plongea dans l'oisiveté, vivant à l'écart, tantôt dans ses jardins et sa maison à la campagne, tantôt dans sa retraite de Campanie, et, comme il s'entourait des gens les plus abjects, outre son ancienne réputation d'incapacité, il se fit encore un triste renom d'ivrogne et de joueur.

16. L'*aureus* valait, depuis César, 100 sesterces ou 25 deniers.
17. Ces fêtes se succédaient à la fin de l'année, fêtes joyeuses et bruyantes, temps de bienveillance, de cadeaux échangés, de bougies allumées, aux sigillaires (*sigilla* : statuette de terre cuite) on s'offrait mutuellement des sortes de santons fabriqués dans le quartier des sigillaires.
18. Claude, quoique d'origine sénatoriale, appartenait à l'ordre équestre.

VI. Cum interim, quamquam hoc modo agenti, numquam aut officium hominum aut reuerentia publice defuit. | Equester ordo bis patronum eum perferendae pro se legationis elegit, semel cum deportandum Romam corpus Augusti umeris suis ab consulibus exposceret, iterum cum oppressum Seianum apud eosdem gratularetur; quin et spectaculis aduenienti assurgere et lacernas deponere solebat. Senatus quoque, ut ad numerum sodalium Augustalium sorte ductorum extra ordinem adiceretur, censuit et mox ut domus ei, quam incendio amiserat, publica impensa restitueretur, dicendaeque inter consulares sententiae ius esset. Quod decretum abolitum est, excusante Tiberio imbecillitatem eius ac damnum liberalitate sua resarturum pollicente. Qui tamen moriens et in tertiis heredibus eum ex parte tertia nuncupatum, legato etiam circa sestertium uicies prosecutus commendauit insuper exercitibus ac senatui populoque R. inter ceteras necessitudines nominatim.

VII. | Sub Gaio demum fratris filio secundam existimationem circa initia imperii omnibus lenociniis colligente honores auspicatus consulatum gessit una per duos menses, euenitque ut primitus ingredienti

---

19. Le port du manteau au théâtre avait pourtant été interdit par Auguste.
20. Prêtres en charge du culte d'Auguste divinisé.

VI. Toutefois, pendant cette période et malgré cette conduite, il ne cessa jamais de recevoir des hommages particuliers et des marques publiques de respect. Les chevaliers le choisirent en deux circonstances pour les représenter et parler en leur nom [18] : d'abord, quand ils demandèrent aux consuls l'honneur de transporter à Rome sur leurs épaules le corps d'Auguste, puis lorsqu'ils firent présenter à ces mêmes consuls leurs félicitations après l'écrasement de Séjan ; bien plus, les chevaliers avaient coutume, quand il arrivait au spectacle, de se lever et d'ôter leurs manteaux [19]. De son côté, le sénat proposa qu'il fût adjoint en surnombre, à titre extraordinaire, aux prêtres d'Auguste [20] désignés par le sort, puis, par la suite, que l'on reconstruisît aux frais de l'État sa maison détruite par un incendie, et qu'on lui donnât le droit de présenter son avis parmi les consulaires. Mais cette dernière décision fut révoquée par Tibère, qui allégua la stupidité de Claude et promit qu'il le dédommagerait par des libéralités. Toutefois, en mourant, Tibère le mentionna quand même parmi ses héritiers de troisième ligne, pour un tiers, lui fit en outre un legs de deux millions de sesterces environ et, par surcroît, le recommanda nominativement, parmi ses autres parents, aux armées, au sénat et au peuple romain.

VII. C'est seulement sous le principat de Gaius (Caligula), le fils de son frère, quand celui-ci, dans ses débuts, cherchait à se faire bien voir par toutes sortes d'amabilités, qu'il aborda les honneurs et fut son collègue au consulat pendant deux mois [21] ; or, il advint, la

21. Par cette charge, Claude passait de l'ordre équestre à l'ordre sénatorial.

cum fascibus forum praeteruolans aquila dexteriore
umero consideret. Sortitus est et de altero consulatu
in quartum annum ; praeseditque nonnumquam spectaculis in Gai uicem, adclamante populo : « feliciter »
partim « patruo imperatoris » partim « Germanici
fratri ! »

VIII. Nec eo minus contumeliis obnoxius uixit.
Nam et si paulo serius ad praedictam cenae horam
occurrisset, non nisi aegre et circuito demum triclinio
recipiebatur, et quotiens post cibum addormisceret,
quod ei fere accidebat, olearum aut palmularum ossi-
bus incessebatur, interdum ferula flagroue uelut per
ludum excitabatur a copreis. Solebant et manibus
stertentis socci induci, ut repente expergefactus faciem
sibimet confricaret.

IX. | Sed ne discriminibus quidem caruit. Primum
in ipso consulatu, quod Neronis et Drusi fratrum Caesaris statuas segnius locandas ponendasque curasset,
paene honore summotus est ; deinde extraneo uel etiam
domesticorum aliquo deferente assidue uarieque inquie-
tatus. Cum uero detecta esset Lepidi et Gaetulici
coniuratio, missus in Germaniam inter legatos ad
gratulandum etiam uitae periculum adiit, indignante
ac fremente Gaio patruum potissimum ad se missum
quasi ad puerum regendum, adeo ut non defuerint,

---

22. Une accusation capitale fut portée contre Claude par l'un de ses
esclaves, mais Claude fut acquitté.

première fois qu'il entra au forum avec les faisceaux, qu'un aigle volant au-dessus de lui se percha sur son épaule droite. Il fut désigné par le sort pour être consul une seconde fois trois ans après, et présida quelquefois les spectacles, à la place de Gaius (Caligula), aux acclamations du peuple qui criait : « Prospérité à l'oncle de l'empereur ! » ou « au frère de Germanicus ! »

VIII. Il fut néanmoins en butte à des avanies. S'il arrivait un peu en retard à dîner, ce n'était qu'à grand-peine et seulement après avoir fait le tour de la salle à manger qu'il obtenait une place ; puis, chaque fois qu'il s'endormait après le repas, ce qu'il faisait presque toujours, on lui jetait des noyaux d'olives ou de dattes, et quelquefois les bouffons se faisaient un jeu de le réveiller à coups de verge ou de fouet. Ils se plaisaient aussi, quand il ronflait, à lui mettre aux mains des chaussures de femme, pour qu'il s'en frottât la figure quand il se réveillait en sursaut.

IX. Il ne fut même pas à l'abri des dangers. D'abord, au temps même de son consulat, comme il avait apporté trop de négligence à mettre en adjudication l'érection des statues de Néron et de Drusus, les frères de l'empereur, et à les faire dresser, il faillit être destitué de sa charge ; ensuite, il fut continuellement harcelé par les accusations diverses d'étrangers ou même de gens de sa maison [22]. Puis, lorsqu'on eut découvert la conjuration de Lepidus et de Gaetulicus [23], faisant partie de la délégation envoyée en Germanie pour féliciter l'empereur, il se trouva même en péril de mort, car Gaius (Caligula) fut absolument indigné qu'on eût pris soin de lui députer son oncle, comme s'il était un enfant à régenter, si

23. En 39.

qui traderent praecipitatum quoque in flumen, sic
ut uestitus aduenerat. Atque ex eo numquam non in
senatu nouissimus consularium sententiam dixit, igno-
miniae causa post omnis interrogatus. Etiam cognitio
falsi testamenti recepta est, in quo et ipse signauerat.
Postremo sestertium octogies pro introitu noui sacer-
dotii coactus impendere, ad eas rei familiaris angustias
decidit, ut cum obligatam aerario fidem liberare non
posset, in uacuum lege praediatoria uenalis pependerit
sub edicto praefectorum.

X. Per haec ac talia maxima aetatis parte transacta quinquagesimo anno imperium cepit quantumuis
mirabili casu. Exclusus inter ceteros ab insidiatoribus
Gai, cum quasi secretum eo desiderante turbam submo-
mouerent, in diaetam, cui nomen est Hermaeum, reces-
serat; neque multo post rumore caedis exterritus pro-
repsit ad solarium proximum interque praetenta
foribus uela se abdidit. Latentem discurrens forte
gregarius miles, animaduersis pedibus, e studio scis-
citandi quisnam esset, adgnouit extractumque et prae
metu ad genua sibi adcidentem imperatorem salutauit. Hinc ad alios commilitones fluctuantis nec
quicquam adhuc quam frementis perduxit. Ab his
lecticae impositus et, quia sui diffugerant, uicissim
succollantibus in castra delatus est tristis ac trepidus,
miserante obuia turba quasi ad poenam raperetur

24. Claude, qui devait de l'argent au trésor public et ne pouvait rembourser, vit mettre en vente ses biens hypothéqués. Selon une procédure régulière en droit romain, ces biens furent, dans un premier
temps, proposés à un prix avantageux pour lui, mais, personne ne

bien qu'il s'est rencontré des gens pour prétendre qu'il le fit même précipiter dans le fleuve, tout habillé, tel qu'il était en arrivant. Et depuis lors, il fut toujours le dernier des consulaires à donner son avis au sénat, subissant l'affront d'être interrogé après tous les autres. On accueillit même une action pour faux à propos d'un testament dont il était lui-même l'un des signataires. Enfin, obligé de payer quatre-vingts millions de sesterces pour son admission dans un nouveau collège de prêtres, il tomba dans une gêne si profonde que, comme il ne pouvait remplir ses engagements vis-à-vis du trésor, ses biens furent mis en vente, sans condition, suivant la loi hypothécaire, par décision des préfets du trésor [24].

X. Après avoir passé au milieu de telles vicissitudes et d'autres analogues la plus grande partie de sa vie, à cinquante ans il devint maître de l'empire, par le plus extraordinaire des hasards. Renvoyé avec les autres par les agresseurs de Gaius (Caligula) qui éloignaient tout le monde, sous prétexte que l'empereur voulait être seul, il s'était retiré dans un appartement qu'on appelait Hermaeum ; aussitôt effrayé par la nouvelle du crime, il se glissa en rampant vers une terrasse voisine et se dissimula dans les plis du rideau placé devant la porte. Un soldat qui courait de tous côtés ayant par hasard aperçu ses pieds, curieux de savoir qui ce pouvait bien être, le reconnut, le tira de sa cachette, et, comme Claude, terrifié, se jetait à ses genoux, le salua empereur. Ensuite, il le mena vers ses camarades indécis et frémissants de colère. Ceux-ci le mirent dans une litière, puis, ses esclaves s'étant enfuis, le portèrent à tour de rôle sur leurs épaules jusqu'à leur camp, tout consterné et tremblant, tandis que la foule, sur son passage, le plaignait comme un innocent que l'on traîne au supplice. Reçu à

s'étant porté acquéreur à ce prix-là, la vente fut faite dans un second temps sans mise à prix. La liste des biens était affichée sous la décision des préfets du trésor.

insons. Receptus intra uallum inter excubias per-
noctauit, aliquanto minore spe quam fiducia. Nam
consules cum senatu et cohortibus urbanis forum Capi-
toliumque occupauerant asserturi communem libertatem; accitusque et ipse per TR. PL. in curiam ad
suadenda quae uiderentur, « ui se et necessitate teneri »
respondit. Verum postero die et senatu segniore
in exequendis conatibus per taedium ac dissensionem
diuersa censentium et multitudine, quae circumstabat,
unum rectorem iam et nominatim exposcente, armatos
pro contione iurare in nomen suum passus est pro-
misitque singulis quina dena sestertia, primus Caesa-
rum fidem militis etiam praemio pigneratus.

XI. | Imperio stabilito nihil antiquius duxit quam
id biduum, quo de mutando rei p. statu haesitatum
erat, memoriae eximere. Omnium itaque factorum
dictorumque in eo ueniam et obliuionem in perpetuum
sanxit ac praestitit, tribunis modo ac centurionibus
paucis e coniuratorum in Gaium numero interemptis,
exempli simul causa et quod suam quoque caedem
depoposcisse cognouerat. Conuersus hinc ad officia
pietatis ius iurandum neque sanctius sibi neque cre-
brius instituit quam per Augustum. Auiae Liuiae
diuinos honores et circensi pompa currum elephantorum
Augustino similem decernenda curauit; parentibus

l'intérieur du retranchement, il passa la nuit au milieu des sentinelles, rassuré sur le présent mais peu confiant en l'avenir ; en effet, les consuls, avec l'aide du sénat et des cohortes urbaines, avaient occupé le forum et le Capitole, dans l'intention de défendre la liberté de tous ; lui-même, convoqué par des tribuns de la plèbe à venir dans la curie conseiller ce qu'il jugerait utile, répondit « qu'il était retenu par la force et par la nécessité ». Mais le lendemain, comme le sénat, par dégoût de se voir partagé entre divers avis contraires, poursuivait plus mollement la réalisation de ses desseins, et que déjà la foule entourant (la curie) réclamait un seul maître, et en le nommant, Claude laissa les troupes assemblées en armes lui jurer obéissance et promit à chaque soldat quinze mille sesterces : il fut ainsi le premier des Césars qui, pour s'assurer la fidélité des soldats, alla jusqu'à leur donner de l'argent.

XI. Lorsqu'il eut affermi son pouvoir, il n'eut rien de plus pressé que de faire disparaître le souvenir des deux jours d'hésitation pendant lesquels on avait pensé à changer de régime politique. Il édicta donc une amnistie complète et définitive pour tout ce qui avait été fait ou dit pendant ces jours, et la respecta, car il fit seulement exécuter quelques-uns des tribuns et des centurions conjurés contre Gaius (Caligula), à la fois pour l'exemple et parce qu'il avait appris qu'ils avaient aussi demandé sa mort. Passant alors à des témoignages de piété filiale, il décida que le serment le plus sacré et le plus fréquent serait juré par le nom d'Auguste. Il fit décerner à sa grand-mère Livie les honneurs divins, et, dans la procession du cirque, un char traîné par des éléphants, semblable à celui d'Auguste ; à ses parents, des cérémonies funèbres publiques ; en outre, à son père, des

inferias publicas, et hoc amplius patri circenses annuos
natali die, matri carpentum, quo per circum duce-
retur, et cognomen Augustae ab uiua recusatum. At
fratris memoria per omnem occasionem celebrata,
comoediam quoque Graecam Neapolitano certamine
docuit ac de sententia iudicum coronauit. Ne Mar-
cum quidem Antonium inhonoratum ac sine grata
mentione transmisit, testatus quondam per edictum,
tanto impensius petere se ut natalem patris Drusi
celebrarent, quod idem esset et aui sui Antonii. Tiberio
marmoreum arcum iuxta Pompei theatrum, decre-
tum quidem olim a senatu uerum omissum, peregit.
Gai quoque etsi acta omnia rescidit, diem tamen necis,
quamuis exordium principatus sui, uetuit inter fes-
tos referri.

XII. | At in semet augendo parcus atque ciuilis
praenomine Imperatoris abstinuit, nimios honores
recusauit, sponsalia filiae natalemque geniti nepotis
silentio ac tantum domestica religione transegit.
Neminem exulum nisi ex senatus auctoritate restituit. Vt sibi in curiam praefectum praetori tribunos-
que militum secum inducere liceret utque rata essent
quae procuratores sui in iudicando statuerent, pre-

25. Fondée en 2 ap. J.-C., Naples reste encore à cette époque une cité
de langue et de culture grecques. Néron, pour cette raison, s'y rendra
souvent.
26. Germanicus avait en effet écrit des comédies grecques.
27. Fiançailles d'Octavie avec L. Junius Silanus et naissance du fils de
sa fille Antonia, mariée à Faustus Sulla.

jeux annuels, célébrés le jour anniversaire de sa naissance ; à sa mère, une voiture pour promener son image dans le cirque, et le surnom d'Augusta qu'elle avait refusé de son vivant. Quant à la mémoire de son frère Germanicus, ayant saisi toutes les occasions de l'honorer, il fit même jouer à Naples, dans un concours [25], une comédie grecque (composée par lui [26]), et, suivant la décision des juges, lui attribua la couronne. Il n'oublia même point d'honorer Marc Antoine et de le mentionner pieusement, car, un jour, il déclara dans un édit que, s'il demandait avec tant d'instance qu'on célébrât l'anniversaire de son père Drusus, c'était parce qu'il coïncidait avec celui de son grand-père Antoine. En l'honneur de Tibère, il fit dresser près du théâtre de Pompée l'arc de marbre que lui avait autrefois voté le sénat mais que l'on avait négligé de construire. Et même, bien qu'il eût annulé tous les actes de Gaius, il interdit de ranger parmi les jours de fête celui de sa mort, quoique ce fût le premier de son principat.

XII. Au contraire, modéré et d'une simplicité citoyenne en ce qui tendait à lui donner de l'importance, il s'abstint du prénom d'Imperator, refusa les honneurs excessifs, célébra sans bruit et seulement dans l'intimité les fiançailles de sa fille et la naissance de son petit-fils [27]. Il ne réhabilita aucun exilé sans l'avis du sénat. Il demanda comme une faveur qu'on lui permît de se faire accompagner dans la curie par le préfet du prétoire et des tribuns militaires, et qu'on donnât force de loi aux jugements rendus par les procurateurs du fisc [28]. Il solli-

---

28. Les procurateurs sont des employés de haut rang travaillant pour l'empereur et désignés par lui. La plupart sont de rang équestre, et leur fonction est souvent financière. Le fisc désigne les fonds gérés par l'empereur par opposition au trésor public l'*aerarium*.

cario exegit. Ius nundinarum in priuata praedia a
consulibus petit. Cognitionibus magistratuum ut unus
e consiliariis frequenter interfuit; eosdem spectacula
edentis surgens et ipse cum cetera turba uoce ac manu
ueneratus est. TR. PL. adeuntibus se pro tribunali
excusauit, quod propter angustias non posset audire
eos nisi stantes. Quare in breui spatio tantum amoris
fauorisque collegit, ut cum profectum eum Ostiam
perisse ex insidiis nuntiatum esset, magna consterna-
tione populus et militem quasi proditorem et senatum
quasi parricidam diris execrationibus incessere non
ante destiterit, quam unus atque alter et mox plures
a magistratibus in rostra producti saluum et appro-
pinquare confirmarent.

XIII. | Nec tamen expers insidiarum usque qua-
que permansit, sed et a singulis et per factionem et
denique ciuili bello infestatus est. E plebe homo nocte
media iuxta cubiculum eius cum pugione deprehensus
est; reperti et equestris ordinis duo in publico cum
dolone ac uenatorio cultro praestolantes, alter ut
egressum theatro, alter ut sacrificantem apud Martis
aedem adoreretur. Conspirauerunt autem ad res nouas
Gallus Asinius et Statilius Coruinus, Pollionis ac
Messalae oratorum nepotes, assumptis compluribus
libertis ipsius atque seruis. Bellum ciuile mouit Furius

29. Les marchés relevaient du domaine public et de l'autorité des
consuls. Avec l'extension des grands domaines, de plus en plus de propriétaires demandaient aux consuls d'ouvrir des marchés sur leurs

cita des consuls le droit de tenir des marchés dans ses domaines particuliers [29]. Il assista fréquemment, comme un conseiller parmi tant d'autres, aux instructions des magistrats ; quand ceux-ci donnèrent des spectacles, se levant aussi lui-même avec le reste de la foule, il les honora de la voix et du geste. Les tribuns de la plèbe venant le trouver à son tribunal, il s'excusa d'être obligé, faute de place, de les entendre sans les faire asseoir. Aussi, en peu de temps, il gagna tant d'affection et de faveur qu'après son départ pour Ostie, le bruit s'étant répandu qu'il était mort assassiné, le peuple hors de lui accabla de malédictions terribles les soldats et les sénateurs, traitant les uns de traîtres, les autres de parricides, et il fallut pour apaiser la foule que les magistrats fassent paraître à la tribune aux harangues un, deux puis plusieurs témoins, assurant qu'il était sauf et s'approchait [de Rome].

XIII. Cependant, il ne resta pas toujours à l'abri des entreprises criminelles, et fut en butte à des attentats individuels, à un complot, enfin, à une guerre civile. Un homme du peuple, armé d'un poignard, fut surpris au milieu de la nuit près de sa chambre à coucher ; on découvrit aussi en ville deux chevaliers romains qui l'attendaient avec un poignard et un couteau de chasse, pour l'attaquer, l'un, à sa sortie du théâtre, l'autre, pendant qu'il sacrifiait au temple de Mars [30]. Un complot révolutionnaire fut organisé par Asinius Gallus et Statilius Corvinus, petits-fils des orateurs Pollion et Messala, qui s'étaient attaché un grand nombre de ses affranchis et de ses esclaves. La guerre civile eut pour promoteur Furius

terres ; Claude montre qu'il se plie volontiers à la règle commune.
30. L'un des deux attentats eut lieu en 43.

Camillus Scribonianus Delmatiae legatus ; uerum intra
quintum diem oppressus est, legionibus, quae sacra-
mentum mutauerant, in paenitentiam religione conuer-
sis, postquam, denuntiato ad nouum imperatorem
itinere, casu quodam ac diuinitus neque aquila ornari
neque signa conuelli mouerique potuerunt.

XIV. | Consulatus super pristinum quattuor ges-
sit ; ex quibus duo primos iunctim, sequentis per inter-
uallum quarto quemque anno, semenstrem nouissimum, bimenstris ceteros, tertium autem nouo circa
principem exemplo in locum demortui suffectus. Ius
et consul et extra honorem laboriosissime dixit, etiam
suis suorumque diebus sollemnibus, nonnumquam fes-
tis quoque antiquitus et religiosis. Nec semper prae-
scripta legum secutus duritiam lenitatemue multarum
ex bono et aequo, perinde ut adficeretur, moderatus
est ; nam et *i*is, qui apud priuatos iudices plus petendo
formula excidissent, restituit actiones et in maiore
fraude conuictos legitimam poenam supergressus ad
bestias condemnauit.

XV. In cognoscendo autem ac decernendo mira
uarietate animi fuit, modo circumspectus et sagax,
interdum inconsultus ac praeceps, nonnumquam friuolus
amentique similis. Cum decurias rerum actu expun-
geret, eum, qui dissimulata uacatione quam beneficio

31. En 42.
32. Le premier consulat de Claude date du règne de Caligula en 37, le
deuxième date de 42, le troisième de 43, le quatrième de 47, le cinquième de 51.
33. Il rendit la justice le jour du mariage et des fiançailles de ses filles.

Camillus Scribonianus, légat de Dalmatie, mais elle fut étouffée en moins de cinq jours : les légions infidèles à leur serment furent, en effet, ramenées au repentir par une crainte religieuse, parce que, au moment où elles reçurent l'ordre de marcher vers leur nouveau général, par suite d'un hasard providentiel, il fut impossible de parer l'une des aigles ni d'arracher et de mouvoir les enseignes [31].

XIV. Outre son ancien consulat, Claude en exerça quatre : les deux premiers, sans intervalle, les suivants, à quatre ans l'un de l'autre ; le dernier, pendant un semestre, les autres, pendant deux mois, et le troisième, fait sans précédent pour un empereur, en remplacement d'un consul décédé [32]. Consul ou non, il rendit la justice avec le plus grand zèle, même dans les circonstances solennelles pour lui ou pour les siens [33], quelquefois aussi durant les fêtes les plus anciennes et les jours réservés par la religion [34]. Il n'observa pas toujours les prescriptions des lois, mais s'inspira de la justice et de l'équité pour atténuer leur rigueur ou leur indulgence, suivant ses dispositions ; c'est ainsi qu'il fit reprendre l'affaire de certains plaideurs qui, pour avoir trop demandé, avaient été déboutés par les juges ordinaires, et qu'en sens contraire, pour des personnes convaincues d'une fraude plus lourde, il aggrava la sanction légale et les condamna aux bêtes.

XV. Dans les enquêtes impériales [35] et dans ses sentences, il montra une humeur étrangement variable, tour à tour circonspect et perspicace, ou étourdi et précipité, quelquefois d'une légèreté qui ressemblait à de la folie. Alors qu'il recensait les décuries des juges, constatant que l'un d'eux avait répondu à l'appel sans profiter de l'exemption dont il bénéficiait vu le nombre de ses

34. Les jours *Religiosi*, on ne devait rien entreprendre. Quant aux jours de fêtes, Claude en diminua le nombre.
35. *Cognitiones* instruites par l'empereur à titre extraordinaire.

liberorum habebat responderat, ut cupidum iudicandi
dimisit ; alium interpellatum ab aduersariis de propria
lite negantemque cognitionis rem sed ordinari iuris
esse, agere causam confestim apud se coegit, « proprio
negotio documentum daturum, quam aequus iudex
in alieno negotio futurus esset. » Feminam non agnos-
centem filium suum, dubia utrimque argumentorum
fide, ad confessionem compulit indicto matrimonio
iuuenis. Absentibus secundum praesentes facillime
dabat, nullo dilectu culpane quis an aliqua necessitate cessasset. Proclamante quodam praecidendas
falsario manus, carnificem statim acciri cum machaera
mensaque lanionia flagitauit. Peregrinitatis reum
orta inter aduocatos leui contentione, togatumne an
palliatum dicere causam oporteret, quasi aequitatem
integram ostentans, mutare habitum saepius et prout
accusaretur defendereturue, iussit. De quodam etiam
negotio ita ex tabella pronuntiasse creditur : « secundum eos se sentire, qui uera proposuissent. » Propter
quae usque eo euiluit, ut passim ac propalam contemp-
tui esset. Excusans quidam testem a prouincia ab
eo uocatum negauit praesto esse posse dissimulata diu
causa, ac post longas demum interrogationes : « Mor-
tuus est », inquit, « puto, licuit. » Alius gratias agens

36. En vertu de la loi Papia de 65 av. J.-C.
37. Puisque dans un cas comme dans l'autre, c'était préjuger de la sen-

enfants, il le raya pour son acharnement à juger ; entendant un autre juge, interpellé par des adversaires au sujet d'une affaire personnelle, déclarer que ce procès ne ressortissait pas à l'empereur, mais aux tribunaux ordinaires, il le contraignit à plaider immédiatement sa cause devant lui, « pour montrer, dans sa propre affaire, combien il serait équitable en jugeant celles d'autrui. » Comme une femme refusait de reconnaître son fils et que les arguments fournis de part et d'autre étaient contestables, il lui arracha la vérité en lui ordonnant d'épouser le jeune homme. Quand une partie était absente, il donnait très volontiers raison aux présents, et n'examinait pas si l'on avait fait défaut par sa faute ou par suite de quelque nécessité. Quelqu'un s'écriant qu'il fallait couper les mains à un faussaire, il commanda de faire venir sur-le-champ le bourreau, avec son billot et son couperet. À propos d'un étranger accusé d'avoir usurpé le droit de cité [36], une légère contestation s'étant élevée entre les avocats sur le point de savoir s'il devait plaider sa cause en toge ou en manteau grec [37], Claude, voulant faire montre d'une entière impartialité, lui ordonna de changer de vêtement à plusieurs reprises, selon qu'on parlerait pour ou contre lui. On croit même que dans certaine affaire il porta par écrit [38] la sentence suivante : « Je suis d'accord avec ceux qui ont dit la vérité. » De pareils traits le discréditèrent à tel point qu'il fut publiquement en butte au mépris de tous. Quelqu'un, pour excuser un provincial cité par lui comme témoin, dit qu'il ne pouvait venir, sans vouloir tout de suite en donner la raison, et se laissa longtemps interroger avant de répondre enfin : « Il est mort : il en avait le droit, je pense ? » Un autre, le remerciant de laisser défendre un

tence. Seuls les citoyens romains pouvaient porter la toge.
38. Ce qui accroît l'ineptie de la sentence.

quod reum defendi pateretur, adiecit : « Et tamen
fieri solet. » Illud quoque a maioribus natu audiebam,
adeo causidicos patientia eius solitos abuti, ut disce-
dentem e tribunali non solum uoce reuocarent, sed
et lacinia togae retenta, interdum pede apprehenso
detinerent. Ac ne cui haec mira sint, litigatori Graeculo
uox in altercatione excidit : « Καὶ σὺ γέρων εἶ καὶ μωρός. »

Equitem quidem Romanum obscenitatis in feminas
reum, sed falso et ab impotentibus inimicis conficto
crimine, satis constat, cum scorta meritoria citari
aduersus se et audiri pro testimonio uideret, graphium
et libellos, quos tenebat in manu, ita cum magna stultitiae et saeuitiae exprobratione iecisse in faciem eius,
ut genam non leuiter perstrinxerit.

XVI. | Gessit et censuram intermissam diu post
Plancum Paulumque censores ; sed hanc quoque inae-
quabiliter uarioque et animo et euentu. Recognitione
equitum iuuenem probri plenum, sed quem pater
probatissimum sibi affirmabat, sine ignominia dimisit, « habere » dicens « censorem suum » ; alium corrup-
telis adulteriisque famosum nihil amplius quam monuit,
« ut aut parcius aetatulae indulgeret aut certe cauti-
us » ; addiditque : « Quare enim ego scio, quam amicam
habeas ? » Et cum orantibus familiaribus dempsisset
cuidam appositam notam : « Litura tamen », inquit,

---

39. *Lacinia* : partie de la toge pendant dans le dos. C'était une marque
d'irrespect que de tirer quelqu'un par-derrière, alors que saisir la toge
par-devant pouvait marquer une attitude d'imploration.
40. Ce qui était illégal.
41. Le poinçon servait à écrire sur les tablettes de bois recouvertes de
cire, objets d'un poids important.
42. En 22 av. J.-C.

accusé, ajouta : « Et cependant, c'est l'usage. » J'ai
même entendu raconter par des vieillards que les avocats
avaient tellement l'habitude d'abuser de sa patience que
non seulement ils le rappelaient à haute voix quand il
quittait son tribunal, mais encore le retenaient en s'ac-
crochant au pan de sa toge [39] et quelquefois en lui saisissant le pied. Et, pour que de tels faits ne surprennent
personne, citons ces paroles échappées, au cours d'une
altercation, à un simple plaideur grec : « Vous aussi,
vous êtes vieux et insensé. » Il est notoire, qu'un chevalier romain accusé, sur les imputations calomnieuses
d'ennemis acharnés, d'être un séducteur de femmes,
voyant qu'on citait contre lui des courtisanes et qu'on
recueillait leur témoignage [40], lança à la figure de
Claude le poinçon et les tablettes [41] qu'il tenait à la
main, en lui reprochant bien haut sa sottise et sa cruauté, et le blessa gravement à la joue.

XVI. Claude remplit en outre la charge de censeur,
que l'on n'avait pas exercée pendant longtemps, depuis
la censure de Plancus et de Paulus [42] ; mais ici encore, il
fut inégal, inconstant dans son humeur et dans ses décisions. Passant en revue les chevaliers [43], il renvoya sans
le flétrir un jeune homme couvert d'opprobres, mais que
son père déclarait irréprochable à son point de vue : « Il
a, dit-il, son propre censeur. » Un autre étant décrié
comme séducteur et comme adultère, il se contenta de
l'inviter « à s'abandonner aux goûts de son âge avec plus
de mesure ou du moins plus de discrétion », et il ajouta :
« Pourquoi faut-il que je sache quelle est votre maîtresse ? » Ayant effacé, à la prière de ses amis, la note [44]
qu'il avait inscrite en regard d'un certain nom, il dit :
« Néanmoins, que la rature subsiste ! » Comme un per-

---

43. Un des rôles du censeur était, tout en enregistrant les citoyens
romains, de s'assurer qu'ils suivaient la coutume des ancêtres *(mores)*.
44. Le censeur disposait de sanctions contre les citoyens irrespectueux
des traditions ; il notait leurs remarques motivées en face du nom.

« extet. » Splendidum uirum Graeciaeque prouinciae principem, uerum Latini sermonis ignarum, non modo albo iudicum erasit, sed in peregrinitatem redegit. Nec quemquam nisi sua uoce, utcumque quis posset, ac sine patrono rationem uitae passus est reddere. Notauitque multos, et quosdam inopinantis et ex causa noui generis, quod se inscio ac sine commeatu Italia excessissent ; quendam uero et quod comes regis in prouincia fuisset, referens, maiorum temporibus, Rabirio Postumo Ptolemaeum Alexandriam crediti seruandi causa secuto crimen maiestatis apud iudices motum. Plures notare conatus, magna inquisitorum neglegentia sed suo maiore dedecore, innoxios fere repperit, quibuscumque caelibatum aut orbitatem aut egestatem obiceret, maritos, patres, opulentos se probantibus ; eo quidem, qui sibimet uim ferro intulisse arguebatur, inlaesum corpus ueste deposita ostentante.

Fuerunt et illa in censura eius notabilia, quod essedum argenteum sumptuose fabricatum ac uenale ad Sigillaria redimi concidique coram imperauit ; quodque uno die XX edicta proposuit, inter quae duo, quorum altero admonebat, ut uberi uinearum prouentu bene dolia picarentur ; altero, nihil aeque facere ad uiperae morsum quam taxi arboris sucum.

XVII. | Expeditionem unam omnino suscepit eamque modicam. Cum decretis sibi a senatu ornamentis

---

45. Claude revenait ainsi à des pratiques depuis longtemps tombées en désuétude.

46. Cette mesure vise les sénateurs qui ne pouvaient quitter l'Italie sans une autorisation du sénat.

47. Défendu par Cicéron pendant l'hiver 54-53 av. J.-C.

sonnage, par ailleurs tout à fait considérable et l'un des premiers de la province grecque, ignorait la langue latine, non seulement il le raya de la liste des juges, mais lui retira la citoyenneté romaine. Il ne laissa personne rendre compte de sa conduite autrement que de sa propre bouche, avec ses seules ressources, et sans l'aide d'un avocat [45]. Il nota un grand nombre de personnes, certaines de façon inattendue et pour ce motif tout nouveau qu'elles avaient quitté l'Italie sans le prévenir ni lui demander un congé [46] ; quelqu'un même, parce qu'il avait accompagné un roi dans une province, et il rappela qu'au temps jadis on avait intenté un procès de lèse-majesté à Rabirius Postumus, qui avait suivi Ptolémée à Alexandrie pour se faire payer une dette [47]. Il voulait en noter davantage, mais grande fut la négligence des enquêteurs et plus grande encore sa propre confusion, car il tomba presque toujours sur des innocents : des gens auxquels il reprochait d'être célibataires, sans enfants ou sans ressources, prouvèrent qu'ils étaient mariés, pères de famille ou riches ; certain même, que l'on accusait de s'être donné un coup de poignard [48], fit bien voir, en ôtant ses vêtements, que son corps était sans blessure. D'autres singularités signalèrent encore sa censure : il fit acheter et briser sous ses yeux un char d'argent d'un travail somptueux, mis en vente dans le quartier des Sigillaires [49] ; en un seul jour, il promulgua vingt édits, parmi lesquels deux (sont à retenir) : dans l'un, il recommandait de bien goudronner les tonneaux, vu l'abondance de la vendange, dans l'autre, il préconisait la sève de l'if comme le meilleur remède contre les morsures de vipères.

XVII. Il n'entreprit qu'une seule expédition,

---

48. Le suicide n'était pas toujours considéré comme devant être noté d'infamie, tout dépendait des circonstances et des moyens utilisés.
49. Quartier de Rome où se tenait le marché aux statuettes que l'on offrait à ses amis pour la fête des sigillaires (voir chap. v note 17).

triumphalibus leuiorem maiestati principali titulum
arbitraretur uelletque iusti triumphi decus, unde adqui-
reret Britanniam potissimum elegit neque temptatam
ulli post Diuum Iulium et tunc tumultuantem ob non
redditos transfugas. Huc cum ab Ostia nauigaret,
uehementi circio bis paene demersus est, prope Ligu-
riam iuxtaque Stoechadas insulas. Quare a Massilia
Gesoriacum usque pedestri itinere confecto inde transmisit ac, sine ullo proelio aut sanguine intra paucis-
simos dies parte insulae in deditionem recepta, sexto
quam profectus erat mense Romam rediit triumphauit-
que maximo apparatu. Ad cuius spectaculum commeare
in urbem non solum praesidibus prouinciarum permisit,
uerum etiam exulibus quibusdam ; atque inter hostilia
spolia naualem coronam fastigio Palatinae domus
iuxta ciuicam fixit, traiecti et quasi domiti Oceani
insigne. Currum eius Messalina uxor carpento secuta
est ; secuti et triumphalia ornamenta eodem bello
adepti, sed ceteri pedibus et in praetexta, M. Crassus
Frugi equo phalerato et in ueste palmata, quod eum
honorem iterauerat.

XVIII. | Vrbis annonaeque curam sollicitissime sem-
per egit. Cum Aemiliana pertinacius arderent, in diri-

---

50. En 43, contrairement à ce que dit Suétone, la conquête de la
Bretagne fut un épisode très important de l'expansion romaine, l'auteur
semble sous-entendre que la part prise par Claude à son succès ne fut
pas très grande.

d'ailleurs peu importante [50]. Le sénat lui ayant décerné les insignes du triomphe, il jugea qu'un simple titre ne suffisait pas à la majesté impériale, et, voulant la gloire d'un triomphe véritable, pour le mériter, il porta ses préférences sur la (Grande-) Bretagne, que personne n'avait attaquée depuis le divin Jules César et qui s'agitait alors, parce qu'on n'avait pas rendu des transfuges. Parti d'Ostie, au cours de sa traversée, par suite d'un violent mistral [51], il faillit deux fois être englouti, près des côtes de Ligurie, puis en vue des îles d'Hyères [52]. Aussi alla-t-il par terre de Marseille jusqu'à Boulogne [53], d'où il passa en (Grande-) Bretagne, et, après avoir reçu, au bout de quelques jours à peine, sans combat ni effusion de sang, la soumission d'une partie de l'île, six mois après son départ il revint à Rome et célébra un triomphe tout à fait magnifique. À l'occasion de ce spectacle, il permit de venir à Rome non seulement aux gouverneurs des provinces, mais encore à certains exilés ; et, parmi les dépouilles de l'ennemi, il fit attacher au faîte de sa maison du Palatin une couronne navale à côté de la couronne civique, comme symbole de sa traversée et, pour ainsi dire, de sa victoire sur l'Océan [54]. Son épouse Messaline suivit en carrosse son char de triomphe qu'escortaient également ceux qui avaient obtenu les insignes triomphaux dans cette même guerre, tous marchant à pied et vêtus de la prétexte, sauf M. Crassus Frugi, qui montait un cheval brillamment harnaché et portait un habit brodé de palmes, parce qu'il avait reçu cet honneur pour la seconde fois.

XVIII. La sécurité de Rome et son ravitaillement furent toujours l'objet de sa plus vive sollicitude. Durant

---

51. Que les Romains appelaient Circius.
52. Les îles Stœchades.
53. Gesoriacum.
54. La couronne navale n'était accordée que pour une victoire en mer, d'où l'ironie de Suétone, l'ennemi vaincu n'étant autre que l'Océan.

bitorio duabus noctibus mansit ac deficiente militum ac
familiarum turba auxilio plebem per magistratus ex
omnibus uicis conuocauit ac positis ante se cum pecunia
fiscis ad subueniendum hortatus est, repraesentans
pro opera dignam cuique mercedem. Artiore autem
annona ob assiduas sterilitates detentus quondam medio
foro a turba conuiciisque et simul fragminibus panis
ita infestatus, ut aegre nec nisi postico euadere in
Palatium ualuerit, nihil non excogitauit ad inuehendos
etiam tempore hiberno commeatus. Nam et negotia-
toribus certa lucra proposuit suscepto in se damno, si
cui quid per tempestates accidisset, et naues merca-
turae causa fabricantibus magna commoda constituit
pro condicione cuiusque :

XIX. ciui uacationem legis Papiae Poppaeae, Latino
ius Quiritium, feminis ius IIII liberorum ; quae constituta hodieque seruantur.

XX. | Opera magna potius* necessaria*que* quam
multa perfecit, sed uel praecipua : ductum aquarum
a Gaio incohatum, item emissarium Fucini lacus por-
tumque Ostiensem, quamquam sciret ex iis alterum

---

55. Quartier de Rome que l'on ne sait pas situer de façon précise, mais
qui devait se trouver sur le Champ de Mars ou dans sa proximité.
56. Le *diribitorium* était un vaste édifice, près de l'enceinte des élections, où se faisait le dépouillement des votes, sous le regard des scru-
tateurs *(diribitores)*, on apportait les urnes pour compter les suffrages.
57. Image saisissante parce qu'inversant les rôles : au lieu des urnes
dans lesquelles les citoyens avaient porté leurs suffrages pour désigner
les magistrats, ce sont des paniers où ils viennent recevoir des récompenses en argent distribuées par le premier des magitrats.
58. Loi portée en 9 ap. J.-C. sanctionnant les célibataires et les gens
mariés sans enfants.

un incendie qui faisait rage dans le quartier Émilien [55], il passa deux nuits dans la salle des votes [56], et comme les soldats et la foule de ses esclaves ne suffisaient pas à la besogne, il fit appeler à l'aide par les magistrats la plèbe de tous les quartiers, puis, plaçant devant lui des corbeilles pleines d'argent, il encouragea la foule à prêter secours, et récompensa immédiatement chacun suivant ses services [57]. D'autre part, ayant un jour, pendant une disette causée par une série de mauvaises récoltes, été retenu en plein forum par une foule qui l'accablait d'injures, mais aussi de croûtons de pain, de sorte qu'il put à grand-peine rentrer au Palatium, et seulement par une porte de derrière, il imagina toutes les mesures possibles pour faire arriver des convois de blé, même en hiver. En effet, aux négociants il promit des bénéfices assurés, en prenant à son compte les pertes que les tempêtes pourraient leur faire subir, et aux armateurs construisant des navires pour faire ce commerce de blé, il offrit de grands avantages en rapport avec la condition de chacun :

XIX. les citoyens étaient exemptés de la loi Papia Poppaea [58], les Latins recevaient le droit des Quirites [59], les femmes, les prérogatives (des mères ayant) quatre enfants [60] ; ces dispositions subsistent encore aujourd'hui.

XX. Les travaux exécutés par Claude furent considérables et nécessaires plutôt que nombreux, mais les principaux furent : l'aqueduc commencé par Gaius (Caligula) [61], ainsi que le canal d'écoulement du lac Fucin [62] et le port d'Ostie ; il savait pourtant qu'Auguste, malgré les prières continuelles des Marses, avait refusé

59. C'est-à-dire le droit de cité romaine.
60. Il s'agit uniquement des femmes affranchies, qui, si elles étaient mères de quatre enfants, étaient libérées de la tutelle de leur patron et pouvaient tester librement.
61. Dans la région de Tibur (Tivoli).
62. À l'est de Rome, dans le pays des Marses.

ab Augusto precantibus assidue Marsis negatum, alterum a Diuo Iulio saepius destinatum ac propter difficultatem omissum. Claudiae aquae gelidos et uberes fontes, quorum alteri Caeruleo, alteri Curtio et Albudigno nomen est, simulque riuum Anienis noui lapideo opere in urbem perduxit diuisitque in plurimos et ornatissimos lacus. Fucinum adgressus est non minus compendii spe quam gloriae, cum quidam priuato sumptu emissuros se repromitterent, si sibi siccati agri concederentur. Per tria autem passuum milia partim effosso monte partim exciso canalem absoluit aegre et post undecim annos, quamuis continuis XXX hominum milibus sine intermissione operantibus. Portum Ostiae extruxit circumducto dextra sinistraque brachio et ad introitum profundo iam solo mole obiecta ; quam quo stabilius fundaret, nauem ante demersit, qua magnus obeliscus ex Aegypto fuerat aduectus, congestisque pilis superposuit altissimam turrem in exemplum Alexandrini Phari, ut ad nocturnos ignes cursum nauigia dirigerent.

XXI. | Congiaria populo saepius distribuit. Spectacula quoque complura et magnifica edidit, non usitata modo ac solitis locis, sed et commenticia et ex antiquitate repetita, et ubi praeterea nemo ante eum. Ludos dedicationis Pompeiani theatri, quod ambustum restituerat, e tribunali posito in orchestra commisit, cum prius

---

63. C'est certainement la plus considérable réalisation en fait d'aqueduc romain, encore aujourd'hui un des aspects les plus impressionnants de la campagne romaine.
64. L'obélisque amené d'Égypte sur ordre de Caligula fut ensuite placé

d'entreprendre le second de ces travaux, et que le divin
Jules César, après avoir maintes fois projeté le troisième,
y avait renoncé, à cause de sa difficulté [63]. Les sources
abondantes et fraîches de l'eau claudienne, dont l'une
s'appelle « Azurée », l'autre, « Curtius » et « Albu-
dignus », ainsi qu'une dérivation de l'Anio, furent amenées à Rome par un aqueduc de pierre, et distribuées en
un très grand nombre de bassins magnifiques. Il entreprit
les travaux du lac Fucin non moins dans l'espoir d'un
profit que pour sa gloire, car certains particuliers s'en-
gageaient à supporter tous les frais, pourvu qu'on leur
cédât le terrain mis à sec. Tantôt en creusant, tantôt en
taillant la montagne sur une longueur de trois mille pas,
il parvint difficilement à terminer ce canal, et cela au
bout de onze ans, quoique trente mille hommes eussent
travaillé tout le long, sans relâche. Il créa le port d'Ostie
en faisant construire deux jetées en arc de cercle à droite et à gauche, et, dans des eaux déjà profondes, un môle
pour barrer l'entrée ; pour asseoir ce môle plus solide-
ment, on commença par couler le navire qui avait amené
d'Égypte le grand obélisque [64] ; là-dessus, on construisit
une foule de piliers supportant une tour très haute, des-
tinée, comme celle du Phare d'Alexandrie, à éclairer de
ses feux, pendant la nuit, la route des navires [65].

XXI. Claude fit maintes fois des largesses au peuple.
Il donna aussi un grand nombre de spectacles magnifiques, non seulement du genre ordinaire et dans les
lieux habituels, mais encore de son invention, ou renou-
velés de l'antique, et de plus en des endroits où personne ne l'avait fait avant lui. Lors des jeux célébrés pour la
dédicace du théâtre de Pompée, qu'il avait restauré après
sa destruction partielle par le feu, il siégea sur un tribu-

dans le cirque de Néron au Vatican ; c'est lui qu'on voit aujourd'hui au
centre de la place Saint-Pierre.
65. Avec le vieux port d'Ostie et le nouveau port claudien, Rome disposait désormais d'un ensemble portuaire au niveau de ses besoins.

apud superiores aedes supplicasset perque mediam
caueam sedentibus ac silentibus cunctis descendisset.
Fecit et Saeculares, quasi anticipatos ab Augusto nec
legitimo tempori reseruatos, quamuis ipse in historiis
suis prodat, intermissos eos Augustum multo post
diligentissime annorum ratione subducta in ordinem
redegisse. Quare uox praeconis irrisa est inuitantis more
sollemni ad ludos, « quos nec spectasset quisquam nec
spectaturus esset », cum superessent adhuc qui spec-
tauerant, et quidam histrionum producti olim tunc
quoque producerentur. Circenses frequenter etiam in
Vaticano commisit, nonnumquam interiecta per quinos
missus uenatione. Circo uero maximo marmoreis carce-
ribus auratisque metis, quae utraque et tofina ac lignea
antea fuerant, exculto, propria senatoribus constituit
loca promiscue spectare solitis ; ac super quadrigarum
certamina Troiae lusum exhibuit et Africanas, confi-
ciente turma equitum praetorianorum, ducibus tribunis
ipsoque praefecto ; praeterea Thessalos equites, qui feros
tauros per spatia circi agunt insiliuntque defessos et
ad terram cornibus detrahunt. | Gladiatoria munera
plurifariam ac multiplicia exhibuit : anniuersarium
in castris praetorianis sine uenatione apparatuque,
iustum atque legitimum in Saeptis ; ibidem extraor-
dinarium et breue dierumque paucorum, quodque appel-

66. Il s'agit des temples de Vénus Victrix et de la Victoire construits au
sommet de la *cavea*, les gradins du théâtre formant une volée d'esca-
liers particulièrement impressionnante pour y accéder.
67. Jeux célébrés tous les cent ans ; ils l'avaient été en 17 av. J.-C.
68. Sur cette histoire écrite par Claude, voir le chapitre XLI.
69. Dans le cirque édifié par Caligula.
70. Parade équestre, aux figures compliquées et savantes. Leur origine

nal dressé dans l'orchestre, après avoir offert un sacrifice dans les temples de l'étage supérieur [66], d'où il descendit par le milieu des gradins, tous les spectateurs restant assis et gardant le silence. Il célébra aussi les jeux
séculaires [67], sous prétexte qu'Auguste les avait donnés
trop tôt, avant leur date normale, et pourtant lui-même
déclare dans son histoire [68] qu'Auguste rétablit le cours
régulier de cette tradition longtemps interrompue, après
avoir fait très exactement le compte des années. Aussi
l'on railla la formule consacrée par laquelle le crieur
public invitait à ces jeux, « que nul n'avait vus et ne
devait revoir », car il existait encore des personnes ayant
assisté aux précédents, et certains histrions qu'on y avait
vus autrefois y figurèrent de nouveau. Il donna fréquemment des jeux du cirque même au Vatican [69], parfois
avec des chasses comme intermèdes entre deux séries de
cinq courses. Le grand cirque fut orné de barrières de
marbre et de bornes dorées, jusque-là respectivement de
tuf et de bois, et des places particulières y furent attri-
buées aux sénateurs, jusqu'alors mêlés à la foule ; outre
les courses de quadriges, il y donna des jeux troyens [70]
et fit mettre à mort des bêtes d'Afrique par un escadron
de cavaliers prétoriens, que dirigeaient leurs tribuns et
leur préfet lui-même ; de plus, il y fit paraître ces cavaliers thessaliens qui pourchassent à travers le cirque des
taureaux sauvages, leur sautent sur le dos après les avoir
épuisés et les terrassent en les saisissant par les cornes.
Quant aux combats de gladiateurs, il en donna de différentes sortes et dans divers endroits : l'un, pour un anniversaire, dans le camp des prétoriens, sans chasse ni
apparat ; un autre, régulier et complet, dans l'enceinte
des élections [71] ; dans le même lieu, un troisième, à titre
extraordinaire, qui dura quelques jours seulement et

mythique les rattache à Troie par leur initiateur Énée.
71. Grande place sur le Champ de Mars où, sous la République, le
peuple était convoqué pour voter.

lare coepit « sportulam », quia primum daturus edixerat,
« uelut ad subitam condictamque cenulam inuitare se
populum. » Nec ullo spectandi genere communior aut
remissior erat, adeo ut oblatos uictoribus aureos prolata
sinistra pariter cum uulgo uoce digitisque numeraret
ac saepe hortando rogandoque ad hilaritatem homines
prouocaret, « dominos » identidem appellans, immixtis
interdum frigidis et arcessitis iocis ; qualis est ut cum
Palumbum postulantibus daturum se promisit, « si
captus esset. »　　Illud plane quantumuis salubriter et
in tempore : cum essedario, pro quo quattuor fili
deprecabantur, magno omnium fauore indulsisset ru-
dem, tabulam ilico misit admonens populum, « quanto
opere liberos suscipere deberet, quos uideret et gladia-
tori praesidio gratiaeque esse. »　　Edidit et in Martio
campo expugnationem direptionemque oppidi ad ima-
ginem bellicam et deditionem Britanniae regum praeseditque paludatus.　　Quin et emissurus Fucinum lacum
naumachiam ante commisit.　　Sed cum proclamantibus
naumachiariis : « Haue imperator, morituri te salutant ! »
respondisset : « Aut non ! » neque post hanc uocem quasi
uenia data quisquam dimicare uellet, diu cunctatus
an omnes igni ferroque absumeret, tandem e sede sua

---

72. La sportule est à l'origine la corbeille dans laquelle chaque client
emportait les victuailles préparées chez le patron. Le mot a ensuite
désigné le repas lui-même, puis les quelques pièces qui représentaient
la valeur du repas.

qu'il se mit à appeler « sportule [72] », parce que, dans l'édit annonçant ce spectacle donné pour la première fois, il avait déclaré « qu'il invitait en quelque sorte le peuple à un petit repas improvisé et sans façon ». Il n'était de spectacle où il se montrât plus familier ni plus badin, car il allait jusqu'à compter tout haut sur ses doigts, en tendant la main gauche, avec le populaire, les pièces d'or offertes aux vainqueurs, et souvent jusqu'à stimuler par ses exhortations et ses prières la gaieté des spectateurs, les appelant sans cesse « messieurs », avec de temps à autre des plaisanteries froides et tirées de loin ; ainsi, comme le peuple réclamait un gladiateur nommé Palombe, il promit de le lui présenter, « s'il parvenait à l'attraper au vol ». Voici pourtant une leçon des plus salutaires, qu'il sut donner à propos : ayant, aux vifs applaudissements de tous, accordé la badine [73] à un conducteur de chars, en faveur duquel intercédaient ses quatre fils, il fit tout de suite circuler une tablette signalant aux spectateurs « combien il leur était nécessaire d'élever des enfants, puisqu'ils voyaient un simple gladiateur trouver dans les siens des protecteurs influents ». Il fit également représenter au Champ de Mars la prise et le pillage d'une ville, d'après nature, ainsi que la soumission des rois de Bretagne, et présida au spectacle avec son manteau de général. Bien plus, avant de lâcher les eaux du lac Fucin, il y donna un combat naval ; mais, lorsque les combattants s'écrièrent : « Ave, imperator ! ceux qui vont mourir te saluent ! », il répondit : « Qui vont mourir ou pas ! » : à ces mots, sous prétexte qu'ils venaient d'obtenir leur grâce, aucun d'eux ne voulut plus se battre ; alors, il fut longtemps à se demander s'il

---

73. La badine ou baguette d'honneur était donnée au gladiateur qui, par ce geste, recevait son congé et donc était autorisé à ne plus combattre.

prosiluit ac per ambitum lacus non sine foeda uacilla-
tione discurrens partim minando partim adhortando
ad pugnam compulit. Hoc spectaculo classis Sicula et
Rhodia concurrerunt, duodenarum triremium singulae,
exciente bucina Tritone argenteo, qui e medio lacu per
machinam emerserat.

XXII. | Quaedam circa caerimonias ciuilemque et
militarem morem, item circa omnium ordinum statum
domi forisque aut correxit aut exoleta reuocauit aut
etiam noua instituit. In cooptandis per collegia sacerdotibus neminem nisi iuratus nominauit ; obseruauitque
sedulo, ut quotiens terra in urbe mouisset, ferias aduo-
cata contione praetor indiceret, utque dira aue in Capitolio uisa obsecratio haberetur, eamque ipse iure maximi
pontificis pro rostris populo praeiret summotaque opera-
riorum seruorumque turba.

XXIII. | Rerum actum diuisum antea in hibernos
aestiuosque menses coniunxit. Iuris dictionem de fidei
commissis quotannis et tantum in urbe delegari magistratibus solitam in perpetuum atque etiam per prouincias potestatibus demandauit. Capiti Papiae Poppaeae
legis a Tiberio Caesare, quasi sexagenarii generare non
possent, addito obrogauit. Sanxit ut pupillis extra

---

74. Auparavant les tribunaux, suivant un rythme très rural, ne fonc-
toinnaient pas au printemps ni en automne ; à partir de cette réforme
les juges durent siéger en permanence, avec quelques vacances en
hiver et en début d'année.

ne les ferait pas tous périr par le fer et par le feu, puis enfin il bondit de sa place et courant çà et là autour du lac, non sans tituber de façon ridicule, soit par des menaces soit par des exhortations, il les décida au combat. Dans ce spectacle, une flotte sicilienne et une flotte de Rhodes, comprenant douze trirèmes chacune, se livrèrent bataille au son d'une trompette embouchée par un triton d'argent qu'une machine avait fait surgir au milieu du lac.

XXII. En ce qui concerne la religion, les usages civils et militaires, ainsi que les attributions de tous les ordres de l'État, soit à Rome, soit au-dehors, Claude accomplit certaines réformes, remit en vigueur des règlements tombés en désuétude ou même en établit de nouveaux. Pour l'élection des prêtres dans les collèges, il ne désigna personne sans qu'il ait prêté serment ; il ne manqua jamais, quand la terre avait tremblé à Rome, de faire annoncer des fêtes par le préteur à l'assemblée du peuple, et, lorsqu'un oiseau de mauvais augure avait été vu au Capitole, de faire réciter des prières propitiatoires, dont lui-même, en sa qualité de grand pontife, dictait la formule au peuple, du haut des rostres, et après avoir fait écarter la foule des manœuvres et des esclaves.

XXIII. Les juges ne siégeaient auparavant que pendant les mois d'hiver et d'été : il les fit siéger sans interruption [74]. Le pouvoir de statuer en matière de fidéicommis était jusqu'alors délégué aux magistrats chaque année, et seulement à Rome : il le conféra pour toujours et même dans les provinces aux représentants de l'autorité. Il abrogea un article que Tibère César avait fait ajouter à la loi Papia Poppaea sous prétexte que les sexagénaires étaient incapables d'engendrer [75]. Il édicta que les pupilles seraient, à titre extraordinaire, pourvus de

75. En vertu d'un sénatus-consulte pris en 34 sous le principat de Tibère, les sexagénaires qui se mariaient échappaient à la loi Papia Poppea. Désormais, ils y furent soumis malgré leur âge.

ordinem tutores a consulibus darentur, utque ii, quibus
a magistratibus prouinciae interdicerentur, urbe quoque
et Italia summouerentur. Ipse quosdam nouo exemplo
relegauit, ut ultra lapidem tertium uetaret egredi ab
urbe. | De maiore negotio acturus in curia medius
inter consulum sellas tribunicio*ue* subsellio sedebat.
Commeatus a senatu peti solitos benefici sui fecit.

XXIV. Ornamenta consularia etiam procuratoribus
ducenariis indulsit. Senatoriam dignitatem recusan-
tibus equestrem quoque ademit. Latum clauum, quamuis initio affirmasset non lecturum se senatorem nisi
ciuis R. abnepotem, etiam libertini filio tribuit, sed
sub condicione si prius ab equite R. adoptatus esset ;
ac sic quoque reprehensionem uerens, et Appium Caecum
censorem, generis sui proauctorem, libertinorum filios
in senatum adlegisse docuit, ignarus temporibus Appi
et deinceps aliquamdiu « libertinos » dictos non ipsos,
qui manu emitterentur, sed ingenuos ex his procreatos.
Collegio quaestorum pro stratura uiarum gladiatorum
munus iniunxit detractaque Ostiensi et Gallica prouincia
curam aerari Saturni reddidit, quam medio tempore
praetores aut, uti nunc, praetura functi sustinuerant.
| Triumphalia ornamenta Silano, filiae suae sponso,
nondum puberi dedit, maioribus uero natu tam multis

---

76. Pour accélérer la procédure.
77. Faveur considérable puisque cela les mettait au rang des anciens
consuls, qui eux étaient de l'ordre équestre. Cela était ressenti comme
une grande humiliation par l'ordre sénatorial.
78. Toge avec bande de pourpre, habit exclusif des sénateurs.
79. Bien que citoyens romains, les affranchis restaient exclus de toutes
les charges, mais leurs fils, nés libres, pouvaient y accéder.

tuteurs par les consuls [76], et que ceux que les magistrats auraient interdits de séjour dans les provinces seraient également bannis de Rome et d'Italie. Lui-même inaugura contre certaines personnes un nouveau genre de relégation, qui consistait à leur défendre de dépasser la troisième borne milliaire en sortant de Rome. Quand il avait à traiter une affaire importante au sénat, il s'asseyait entre les consuls ou sur le banc des tribuns. Il se réserva le droit d'accorder les congés des sénateurs, qui jusqu'alors n'étaient demandés qu'au sénat.

XXIV. Il accorda les insignes consulaires même à des procurateurs recevant deux cent mille sesterces (de traitement) [77]. Aux citoyens qui refusaient la dignité de sénateur il retira même celle de chevalier. Quoiqu'il eût promis, à son avènement, de ne pas nommer de sénateur qui ne fût l'arrière-petit-fils d'un citoyen romain, il accorda le laticlave [78] même au fils d'un affranchi, mais à condition qu'il se fît préalablement adopter par un chevalier romain ; craignant malgré cela d'être blâmé, il signala que le censeur Appius Claudius Caecus, le fondateur de sa famille, avait déjà fait entrer au sénat des fils d'affranchis : il ignorait qu'à l'époque d'Appius, et bien longtemps après lui, on appelait *libertini* non point les esclaves affranchis eux-mêmes, mais leurs fils, nés libres [79]. Il déchargea le collège des questeurs du pavement des routes, mais en échange lui imposa un combat de gladiateurs, et lui ayant retiré l'administration d'Ostie et du Gallicum [80] lui rendit l'intendance du trésor de Saturne [81], qui avait été confiée pendant un certain temps à des préteurs en exercice, ou, comme de nos jours, à d'anciens préteurs. Il donna les insignes du triomphe au fiancé de sa fille Octavie, L. Junius Silanus, qui n'était pas encore pubère [82], et les prodigua si libérale-

---

80. Peut-être l'*ager* Gallicus qui, comme Ostie, faisait partie de l'Italie.
81. Trésor public. Le temple de Saturne se situe au pied du Capitole.
82 Il l'obligea ensuite à se suicider, le 1er janvier 49 (voir chap. XXIX).

tamque facile, ut epistula communi legionum nomine
extiterit petentium, ut legatis consularibus simul cum
exercitu et triumphalia darentur, ne causam belli
quoquo modo quaererent. Aulo Plautio etiam ouatio-
nem decreuit ingressoque urbem obuiam progressus
et in Capitolium eunti et inde rursus reuertenti latus
texit. Gabinio Secundo Cauchis gente Germanica superatis cognomen Cauchius usurpare concessit.

XXV. | Equestris militias ita ordinauit, ut post
cohortem alam, post alam tribunatum legionis daret ;
stipendiaque instituit et imaginariae militiae genus,
quod uocatur « supra numerum », quo absentes et titulo
tenus fungerentur. Milites domus senatorias salutandi
causa ingredi etiam patrum decreto prohibuit. Libertinos, qui se pro equitibus R. agerent, publicauit, ingra-
tos et de quibus patroni quererentur reuocauit in serui-
tutem aduocatisque eorum negauit se aduersus libertos
ipsorum ius dicturum. Cum quidam aegra et adfecta
mancipia in insulam Aesculapii taedio medendi expo-
nerent, omnes qui exponerentur liberos esse sanxit, nec
redire in dicionem domini, si conualuissent ; quod si quis
necare quem mallet quam exponere, caedis crimine
teneri. Viatores ne per Italiae oppida nisi aut pedibus
aut sella aut lectica transirent, monuit edicto. Puteolis et
Ostiae singulas cohortes ad arcendos incendiorum casus

---

83. Aulus Plautius avait, comme légat consulaire, dirigé l'expédition de
(Grande-) Bretagne, avant l'arrivée de Claude.
84. Pour accéder à la haute administration impériale, un chevalier
devait en tant qu'officier avoir exercé des commandements.
85. L'île tibérine où se trouvait le temple du dieu de la guérison. Ce
temple abritait une infirmerie.

ment à des personnes plus âgées qu'il subsiste une lettre par laquelle les légions, en leur nom collectif, lui demandaient de les accorder aux lieutenants consulaires dès leur prise de commandement, pour qu'ils ne cherchassent pas à tout prix une occasion de guerre. À Aulus Plautius [83] il décerna même l'ovation, vint à sa rencontre lors de son entrée à Rome, et se tint à sa gauche aussi bien pendant qu'il montait au Capitole que lorsqu'il en redescendit. Quand Gabinius Secundus eut vaincu la peuplade germaine des Chauques, il lui permit de prendre le surnom de Cauchius.

XXV. La carrière militaire des chevaliers fut réglée ainsi : après le commandement d'une cohorte, il leur donnait celui d'une aile de cavalerie, puis un tribunat de légion ; il institua aussi un genre de campagnes et de service militaire fictif, appelé service des « surnuméraires », simple titre n'impliquant pas la présence sous les drapeaux [84]. Il interdit aux militaires, et même par un décret du sénat, de pénétrer dans les maisons des sénateurs pour les saluer. Il fit vendre les affranchis qui se donnaient pour chevaliers romains, remit en esclavage ceux que leurs patrons accusaient d'ingratitude et avertit leurs défenseurs qu'il ne leur rendrait pas justice contre leurs propres affranchis. Comme certains, pour n'avoir plus à soigner leurs esclaves malades et épuisés, les exposaient dans l'île d'Esculape [85], il décréta que tous les esclaves ainsi exposés deviendraient libres, et qu'ils ne retomberaient plus sous l'autorité de leurs maîtres s'ils guérissaient, mais que l'on poursuivrait pour meurtre quiconque aimerait mieux les tuer que les exposer. Il défendit aux voyageurs, par édit, de traverser les villes d'Italie autrement qu'à pied, en chaise à porteurs ou dans une litière. Il installa une cohorte à Pouzzoles, une autre à Ostie [86], pour combattre les incendies. Les

---

86. Une cohorte urbaine pour assurer la sécurité de chacun de ces deux ports de commerce les plus importants de la côte occidentale de l'Italie.

collocauit. | Peregrinae condicionis homines uetuit
usurpare Romana nomina dum taxat gentilicia. Ciuita-
tem R. usurpantes in campo Esquilino securi percussit.
Prouincias Achaiam et Macedoniam, quas Tiberius ad
curam suam transtulerat, senatui reddidit. Lyciis ob
exitiabiles inter se discordias libertatem ademit, Rho-
diis ob paenitentiam ueterum delictorum reddidit.
Iliensibus quasi Romanae gentis auctoribus tributa
in perpetuum remisit, recitata uetere epistula Graeca
senatus populique R. Seleuco regi amicitiam et socie-
tatem ita demum pollicentis, si consanguineos suos
Ilienses ab omni onere immunes praestitisset.   Iudaeos
impulsore Chresto assidue tumultuantis Roma expulit.
Germanorum legatis in orchestra sedere permisit,
simplicitate eorum et fiducia commotus, quod in popu-
laria deducti, cum animaduertissent Parthos et Arme-
nios sedentis in senatu, ad eadem loca sponte transie-
rant, nihilo deteriorem uirtutem aut condicionem suam
praedicantes.   Druidarum religionem apud Gallos
dirae immanitatis et tantum ciuibus sub Augusto
interdictam penitus aboleuit ; contra sacra Eleusinia
etiam transferre ex Attica Romam conatus est, tem-
plumque in Sicilia Veneris Erycinae uetustate conlap-
sum ut ex aerario pop. R. reficeretur, auctor fuit.   Cum
regibus foedus in foro icit porca caesa ac uetere fetialium

---

87. Terrain situé au-delà de la porte Esquiline à l'est de Rome, où se
déroulaient les exécutions.
88. C'est le futur empereur Néron qui plaida la cause des Rhodiens
devant Claude.

gens de nationalité étrangère reçurent défense de
prendre des noms romains, tout au moins des noms de
famille. Quant à ceux qui usurpaient le droit de cité
romaine, il les fit périr sous la hache dans la plaine
Esquiline [87]. Il rendit au sénat les provinces d'Achaïe et
de Macédoine, que Tibère avait fait passer sous son
administration. Il retira la liberté aux Lyciens, déchirés
par des luttes intestines, et la rendit aux Rhodiens [88], qui
manifestaient le repentir de leurs fautes passées. Quant
aux Troyens, en leur qualité d'ancêtres de la race romaine, il les exempta d'impôts pour toujours, après avoir
donné lecture d'une ancienne lettre, écrite en grec, par
laquelle le sénat et le peuple romain promettaient au roi
Seleucos leur amitié et leur alliance, mais seulement à
condition qu'il affranchît de toute charge les Troyens,
leurs parents. Comme les Juifs se soulevaient continuellement, à l'instigation d'un certain Chrestos [89], il les
chassa de Rome. Il permit aux ambassadeurs germains
de s'asseoir dans l'orchestre, parce qu'il avait été frappé
de la conduite simple et fière de ces barbares, que l'on
avait installés dans les rangs du peuple, et qui, décou-
vrant des Parthes et des Arméniens assis au milieu des
sénateurs, étaient allés d'eux-mêmes se placer auprès
d'eux, en proclamant qu'ils ne leur cédaient en rien pour
le courage ni pour la noblesse. Il abolit complètement en
Gaule la religion atroce et barbare des Druides, qui, sous
Auguste, avait été interdite aux seuls citoyens romains ;
au contraire, il voulut même transplanter de l'Attique à
Rome les mystères d'Éleusis, et demanda qu'on fît
reconstruire aux frais du trésor public le temple sicilien
de Vénus Érycine, abattu par le temps. Il conclut un traité avec des rois sur le forum après avoir immolé une

---

89. Il peut s'agir du Christ invoqué par les chrétiens ; ceux-ci étaient
alors considérés comme une secte juive qui, comme toute secte, était
peu et mal connue de la plupart des Romains.

praefatione adhibita. Sed et haec et cetera totumque
adeo ex parte magna principatum non tam suo quam
uxorum libertorumque arbitrio administrauit, talis
ubique plerumque, qualem esse eum aut expediret illis
aut liberet.

XXVI. | Sponsas admodum adulescens duas habuit :
Aemiliam Lepidam Augusti proneptem, item Liuiam
Medullinam, cui et cognomen Camillae erat, e genere
antiquo dictatoris Camilli. Priorem, quod parentes
eius Augustum offenderant, uirginem adhuc repudiauit,
posteriorem ipso die, qui erat nuptiis destinatus, ex
ualitudine amisit. Vxores deinde duxit Plautiam Vrgula-
nillam triumphali et mox Aeliam Paetinam consulari
patre. Cum utraque diuortium fecit, sed cum Paetina
ex leuibus offensis, cum Vrgulanilla ob libidinum probra
et homicidii suspicionem. Post has Valeriam Messali-
nam, Barbati Messalae consobrini sui filiam, in matrimonium accepit. Quam cum comperisset super cetera
flagitia atque dedecora C. Silio etiam nupsisse dote inter
auspices consignata, supplicio adfecit confirmauitque
pro contione apud praetorianos, « quatenus sibi matri-
monia male cederent, permansurum se in caelibatu, ac
nisi permansisset, non recusaturum confodi manibus
ipsorum. » Nec durare ualuit quin de condicionibus

90. Claude renoue ainsi après Auguste avec des rituels républicains.
91. Sa mère Julie, petite-fille d'Auguste, fut condamnée pour adultère
et reléguée. Son père L. Paulus, fils du censeur, conspira contre
Auguste.

truie et fait réciter l'ancienne formule des féciaux [90].
Mais pour ces différentes mesures ou autres semblables,
et même en tout ce qui concernait le gouvernement, il
suivit la plupart du temps l'initiative de ses femmes et de
ses affranchis, plutôt que la sienne propre, se montrant
d'ordinaire, dans tous les domaines, tel que l'exigeait
leur intérêt ou leur caprice.

XXVI. Dans sa prime jeunesse, il eut deux fiancées :
Æmilia Lepida, l'arrière-petite-fille d'Auguste, et Livia
Medullina, surnommée aussi Camilla, issue de l'antique
lignée du dictateur Camille. Il répudia la première, encore vierge, parce que ses parents avaient offensé
Auguste [91], et la seconde mourut de maladie le jour
même qui avait été fixé pour leur mariage. Il épousa par
la suite Plautia Urgulanilla, dont le père avait reçu les
insignes du triomphe [92], et plus tard Ælia Pætina, fille
d'un consulaire [93]. Il se sépara de l'une et de l'autre, de
Pætina, pour de légers griefs, d'Urgulanilla, au contraire,
parce qu'elle s'était déshonorée par ses débauches et
qu'on la soupçonnait d'homicide. Il prit ensuite pour
femme Valeria Messalina, fille de Barbatus Messala, son
cousin ; mais lorsqu'il apprit que, pour mettre le comble
à ses débordements scandaleux, elle avait épousé
C. Silius, en constituant une dot par-devant témoins, il la
fit mettre à mort et déclara devant l'assemblée des prétoriens que « les mariages lui réussissant mal, il resterait
dans le célibat, et consentait, s'il n'y restait pas, à être
transpercé de leurs propres mains ». Pourtant, il ne put
s'empêcher de songer aussitôt à une nouvelle union, soit

92. C'était M. Plautius Silvanus, qui avait reçu les insignes triomphaux
pour ses victoires en Dalmatie.
93. Q. Ælius Tubero, consul en 11 ap. J.-C.

continuo tractaret, etiam de Paetinae, quam olim exegerat, deque Lolliae Paulinae, quae C. Caesari nupta
fuerat. Verum inlecebris Agrippinae, Germanici fratris
sui filiae, per ius osculi et blanditiarum occasiones pellec-
tus in amorem, subornauit proximo senatu qui censerent ;
cogendum se ad ducendum eam uxorem, quasi rei p.
maxime interesset, dandamque ceteris ueniam talium
coniugiorum, quae ad id tempus incesta habebantur.
Ac uix uno interposito die confecit nuptias, non repertis
qui sequerentur exemplum, excepto libertino quodam
et altero primipilari, cuius nuptiarum officium et ipse
cum Agrippina celebrauit.

XXVII. Liberos ex tribus uxoribus tulit : ex Vrgulanilla Drusum et Claudiam, ex Paetina Antoniam, ex
Messalina Octauiam et quem primo Germanicum, mox
Britannicum cognominauit. Drusum Pompeis impuberem amisit piro per lusum in sublime iactato et hiatu
oris excepto strangulatum, cum ei ante paucos dies
filiam Seiani despondisset. Quo magis miror fuisse qui
traderent fraude a Seiano necatum. Claudiam ex liberto
suo Botere conceptam, quamuis ante quintum mensem
diuortii natam alique coeptam, exponi tamen ad matris
ianuam et nudam iussit abici. Antoniam CN. Pompeio
Magno, deinde Fausto Sullae, nobilissimis iuuenibus,
Octauiam Neroni priuigno suo collocauit, Silano ante

même avec Paetina, qu'il avait autrefois renvoyée [94], soit avec Lollia Paulina, qui avait été l'épouse de C. César Caligula. Mais les caresses d'Agrippine, la fille de son frère Germanicus, qui avait le droit de l'embrasser et mille occasions de le séduire, lui ayant inspiré de l'amour, il soudoya des sénateurs qui, à la première séance du sénat, proposèrent qu'on le contraignît à l'épouser, soi-disant dans l'intérêt supérieur de l'État, et qu'on autorisât tous les citoyens à contracter de pareilles unions, regardées jusqu'alors comme incestueuses. Puis, après un intervalle d'un jour à peine, il célébra le mariage, mais il ne trouva personne pour suivre son exemple, si ce n'est un affranchi et un centurion primipilaire, aux noces duquel il assista lui-même, en compagnie d'Agrippine.

XXVII. Claude eut des enfants de ses trois (premières) femmes : de Urgulanilla il eut Drusus et Claudia, de Paetina, Antonia, de Valéria Messaline, Octavie et un fils, qu'il surnomma d'abord Germanicus, puis Britannicus. Drusus mourut encore enfant, à Pompéi, étouffé par une poire qu'il s'amusait à lancer en l'air, puis à recevoir dans sa bouche ouverte, quelques jours après que son père l'avait fiancé à la fille de Séjan, ce qui augmente ma surprise de voir certains attribuer sa mort à un crime de Séjan. Comme Claudia était en réalité la fille de son affranchi Boter, quoiqu'elle fût née quatre mois avant son divorce (avec Urgulanilla) et qu'il eût commencé à l'élever, il la fit exposer et jeter toute nue à la porte de sa mère. Il fit épouser Antonia par Cn. Pompée le Grand, puis par Faustus Sulla, jeunes gens de la plus haute naissance, et Octavie, par Néron, son beau-fils, après l'avoir fiancée à L. Junius Silanus. Quant à Britannicus, qui lui était né le vingtième jour de son

---

94. C'était Narcisse qui le poussait à la reprendre.

desponsam. Britannicum, uicesimo imperii die inque secundo consulatu natum sibi, paruulum etiam tum et militi pro contione manibus suis gestans et plebi per spectacula gremio aut ante se retinens assidue commendabat faustisque ominibus cum adclamantium turba prosequebatur. E generis Neronem adoptauit, Pompeium atque Silanum non recusauit modo, sed et interemit.

XXVIII. | Libertorum praecipue suspexit Posiden spadonem, quem etiam Britannico triumpho inter militares uiros hasta pura donauit ; nec minus Felicem, quem cohortibus et alis prouinciaeque Iudaeae praeposuit, trium reginarum maritum ; et Harpocran, cui lectica per urbem uehendi spectaculaque publice edendi ius tribuit ; ac super hos Polybium ab studiis, qui saepe inter duos consules ambulabat ; sed ante omnis Narcissum ab epistulis et Pallantem a rationibus, quos decreto quoque senatus non praemiis modo ingentibus, sed et quaestoriis praetoriisque ornamentis honorari libens passus est ; tantum praeterea adquirere et rapere, ut querente eo quondam de fisci exiguitate non absurde dictum sit, « abundaturum, si a duobus libertis in consortium reciperetur. »

XXIX. His, ut dixi, uxoribusque addictus, non principem [se], sed ministrum egit, compendio cuiusque

---

95. Les deux indications sont contradictoires, mais on peut comprendre la date comme correspondant au 13 février 42.
96. Décoration décernée à l'origine à ceux qui s'étaient volontairement exposés aux coups de l'ennemi.

principat et pendant son second consulat [95], dès son plus
jeune âge, il ne cessait de le recommander soit aux soldats, en le portant dans ses bras à l'assemblée, soit au
peuple, en le plaçant sur ses genoux ou devant lui pendant les spectacles, et il s'associait aux acclamations de
bon augure que lui adressait la foule. Il adopta Néron,
l'un de ses gendres ; quant à Pompée et à Silanus, non
seulement il les renia, mais il les fit périr.

XXVIII. Parmi ses affranchis, il estima particulièrement l'eunuque Posidès, auquel il décerna même, lors de
son triomphe sur les Bretons, au milieu de ses officiers,
une lance d'honneur [96] ; non moins que lui, Félix, auquel
il fit commander des cohortes, des ailes de cavalerie,
puis gouverner la province de Judée, et qui fut marié
avec trois reines ; au même degré, Harpocras, auquel il
octroya le droit de se faire porter en litière dans Rome et
de donner des spectacles publics ; plus encore Polybe,
son archiviste et conseiller, qui se promenait souvent
entre les deux consuls ; mais par-dessus tous Narcisse,
son secrétaire, et Pallas, son surintendant, auxquels il vit
sans déplaisir décerner, et cela par sénatus-consulte, non
seulement d'énormes récompenses, mais encore les
insignes de questeur et de préteur [97] ; il leur laissa, en
outre, amasser par le vol de si grandes richesses qu'un
jour, comme il déplorait la pauvreté de sa cassette, on lui
répondit, non sans à-propos qu'« il regorgerait d'argent,
s'il était pris pour associé par ses deux affranchis ».

XXIX. Livré, ainsi que je l'ai dit, à ces affranchis et
à ses femmes, Claude se conduisit, non comme un prince, mais comme un serviteur : c'est suivant les intérêts
ou même les sympathies et les caprices de chacun d'eux

---

97. Ce qui les mettait au rang des sénateurs.

horum uel etiam studio aut libidine honores exercitus
impunitates supplicia largitus est, et quidem insciens plerumque et ignarus. Ac ne singillatim minora quoque enu-
merem, reuocatas liberalitates eius, iudicia rescissa, sup-
positos aut etiam palam immutatos datorum officiorum
codicillos : Appium Silanum consocerum suum Iuliasque,
alteram Drusi, alteram Germanici filiam, crimine incerto
nec defensione ulla data occidit, item CN. Pompeium
maioris filiae uirum et Silanum minoris sponsum. Ex
quibus Pompeius in concubitu dilecti adulescentuli con-
fossus est, Silanus abdicare se praetura ante IIII. Kal.
Ian. morique initio anni coactus die ipso Claudii et
Agrippinae nuptiarum. In quinque et triginta senatores
trecentosque amplius equites R. tanta facilitate animad-
uertit, ut, cum de nece consularis uiri renuntiante
centurione factum esse quod imperasset, negaret quicquam se imperasse, nihilo minus rem comprobaret,
affirmantibus libertis officio milites functos, quod ad
ultionem imperatoris ultro procucurrissent. Nam illud
omnem fidem excesserit quod nuptiis, quas Messalina
cum adultero Silio fecerat, tabellas dotis et ipse consi-
gnauerit, inductus, quasi de industria simularentur ad
auertendum transferendumque periculum, quod immi-
nere ipsi per quaedam ostenta portenderetur.

XXX. | Auctoritas dignitasque formae non defuit

qu'il distribua les honneurs, les armées, les grâces, les supplices, et, qui plus est, très souvent sans le savoir ni s'en rendre compte. Ne voulant pas énumérer en détail même les faits de moindre importance, ses libéralités qui furent révoquées, ses jugements annulés, les lettres de nomination à des charges écrites sous son nom ou même ouvertement modifiées, je dirai seulement qu'il fit périr sur des accusations vagues, et sans leur permettre de se défendre, Appius Silanus, le beau-père de son gendre [98], les deux Julies, filles l'une de Drusus, l'autre de Germanicus, ainsi que Cn. Pompée, le mari de sa fille aînée Antonia, et L. Silanus, le fiancé d'Octavie, la plus jeune. Pompée fut percé de coups entre les bras d'un adolescent qu'il aimait ; Silanus fut obligé d'abdiquer la préture, le 29 décembre, et de se donner la mort au début de l'année, le jour même du mariage de Claude avec Agrippine. Il envoya si légèrement au supplice trente-cinq sénateurs et plus de trois cents chevaliers romains qu'un centurion lui annonçant, après l'exécution d'un consulaire, l'accomplissement de ses ordres, il déclara n'en avoir point donné, mais néanmoins approuva sa conduite, parce que ses affranchis lui affirmèrent que les soldats avaient fait leur devoir en courant d'eux-mêmes venger leur empereur. Mais ce qui dépasse toute vraisemblance, c'est que, pour les noces de Messaline avec son amant Silius, il signa lui aussi au contrat, car on lui avait fait accroire qu'ils simulaient un mariage dans l'intention d'éloigner et de faire retomber sur un autre un péril dont lui-même était menacé, d'après certains présages.

XXX. Sa personne ne manquait ni de prestance ni de

---

98. Appius Silanus était le second mari de la mère de Faustus Sylla. Ce dernier après la mort de Silanus devint le gendre de Claude en épousant Antonia.

ei, uerum stanti uel sedenti ac praecipue quiescenti, nam
et prolixo nec exili corpore erat et specie canitieque
pulchra, opimis ceruicibus ; ceterum et ingredientem
destituebant poplites minus firmi, et remisse quid uel
serio agentem multa dehonestabant : risus indecens, ira
turpior spumante rictu, umentibus naribus, praeterea
linguae titubantia caputque cum semper, tum in quan-
tulocumque actu uel maxime tremulum.

XXXI. Valitudine sicut olim graui, ita princeps
prospera usus est excepto stomachi dolore, quo se
correptum etiam de consciscenda morte cogitasse dixit.

XXXII. | Conuiuia agitauit et ampla et assidua ac
fere patentissimis locis, ut plerumque sesceni simul
discumberent. Conuiuatus est et super emissarium
Fucini lacus ac paene summersus, cum emissa impetu
aqua redundasset. Adhibebat omni caenae et liberos
suos cum pueris puellisque nobilibus, *ut* more ueteri
ad fulcra lectorum sedentes uescerentur. Conuiuae,
qui pridie scyphum aureum subripuisse existimabatur,
reuocato in diem posterum calicem fictilem apposuit.
Dicitur etiam meditatus edictum, quo ueniam daret
flatum crepitumque uentris in conuiuio emittendi, cum
periclitatum quendam prae pudore ex continentia
repperisset.

noblesse quand il était assis ou debout, et surtout au repos, car il avait la taille élancée, mais non pas grêle, une belle figure, de beaux cheveux blancs, un cou bien plein ; mais lorsqu'il marchait, la faiblesse de ses jambes le faisait tituber, et quand il parlait, soit en plaisantant, soit de manière sérieuse, il avait bien des ridicules : un rire désagréable, une colère plus hideuse encore, qui faisait écumer sa bouche largement ouverte, et mouillait ses narines, en outre, une voix bégayante, et un perpétuel hochement de tête, qui redoublait au moindre de ses actes.

XXXI. Sa santé, autrefois mauvaise, devint florissante après son avènement, quoiqu'il eût des douleurs d'estomac qui lui inspirèrent même, confia-t-il, l'idée du suicide.

XXXII. Il donna constamment de grands festins, en général dans de vastes espaces découverts où il recevait souvent jusqu'à six cents convives. Il en offrit même un sur le canal d'écoulement du lac Fucin et faillit y être noyé, car les eaux s'échappant avec impétuosité débordèrent. À tous ses dîners il admettait aussi ses enfants, ainsi que des jeunes gens et des jeunes filles de haute naissance, qui, suivant l'usage d'autrefois, prenaient leur repas assis au pied des lits de banquet. Comme l'on soupçonnait un convive d'avoir dérobé une coupe d'or, il l'invita de nouveau pour le lendemain et lui en fit donner une d'argile. On dit même qu'il avait songé à faire un édit permettant de lâcher des vents et des pets à table, parce qu'il avait appris que l'un de ses convives était tombé malade pour s'être retenu par décence.

XXXIII. | Cibi uinique quocumque et tempore et loco appetentissimus, cognoscens quondam in Augusti foro ictusque nidore prandii, quod in proxima Martis aede Saliis apparabatur, deserto tribunali ascendit ad sacerdotes unaque decubuit. Nec temere umquam triclinio abscessit nisi distentus ac madens, et ut statim supino ac per somnum hianti pinna in os inderetur ad exonerandum stomachum. Somni breuissimi erat (nam ante mediam noctem plerumque uigilabat), ut tamen interdiu nonnumquam in iure dicendo obdormisceret uixque ab aduocatis de industria uocem augentibus excitaretur. Libidinis in feminas profusissimae, marum omnino expers. Aleam studiosissime lusit, de cuius arte librum quoque emisit, solitus etiam in gestatione ludere, ita essedo alueoque adaptatis ne lusus confunderetur.

XXXIV. | Saeuum ac sanguinarium natura fuisse, magnis minimisque apparuit rebus. Tormenta quaestionum poenasque parricidarum repraesentabat exigebatque coram. Cum spectare antiqui moris supplicium Tiburi concupisset et deligatis ad palum noxiis carnifex deesset, accitum ab urbe uesperam usque opperiri perseuerauit. Quocumque gladiatorio munere, uel suo uel alieno, etiam forte prolapsos iugulari iubebat, maxime retiarios, ut expirantium facies uideret. Cum par quoddam mutuis ictibus concidisset, cultellos sibi

---

99. Collège de prêtres dont les banquets étaient réputés pour leur abondance et leur raffinement.

XXXIII. Toujours disposé à manger et à boire, quels que fussent l'heure et le lieu, un jour qu'il rendait la justice dans le forum d'Auguste, il fut alléché par le fumet d'un repas que l'on apprêtait pour les Saliens [99] dans le temple de Mars, tout voisin : quittant alors son tribunal, il monta chez ces prêtres et se mit à table avec eux. Il ne sortit pour ainsi dire jamais de la salle à manger sans être bourré de victuailles et gorgé de vin, de sorte qu'aussitôt après, tandis qu'il dormait étendu sur le dos et la bouche ouverte, on devait lui introduire une plume dans le gosier pour dégager son estomac. Il prenait très peu de sommeil, étant sur pied d'ordinaire avant le milieu de la nuit, mais il s'endormait parfois pendant le jour en rendant la justice et les avocats parvenaient à grand-peine à le réveiller en élevant intentionnellement la voix. Il avait pour les femmes une passion effrénée, mais s'abstint de tout commerce avec les hommes. Passionné pour le jeu de dés, il publia même un livre sur la façon de le pratiquer et il jouait jusque dans ses déplacements, ayant fait agencer sa voiture et son damier de façon que le mouvement ne brouillât pas son jeu.

XXXIV. Il était d'un naturel féroce et sanguinaire qui se trahissait dans les moindres choses comme dans les grandes. Il faisait donner la question et punir les parricides sans délai aucun et sous ses yeux. Un jour qu'il avait désiré suivre à Tibur un supplice infligé selon la coutume des ancêtres, comme les condamnés étaient déjà liés au poteau et que le bourreau n'arrivait pas, il en fit venir un de Rome et l'attendit patiemment jusqu'au soir. Dans tous les combats de gladiateurs, donnés par lui ou par quelqu'autre, il faisait égorger même ceux qui tombaient par hasard, surtout les rétiaires [100], pour observer leur visage quand ils expiraient. Deux gladiateurs s'étant mutuellement frappés à mort, il ordonna de

---

100. Le rétiaire, équipé comme le pêcheur d'un filet, d'un trident et d'un poignard, ne portait pas de casque.

paruulos ex utroque ferro in usum fieri sine mora
iussit. Bestiaris meridianisque adeo delectabatur, ut
et prima luce ad spectaculum descenderet et meridie
dimisso ad prandium populo persederet praeterque des-
tinatos etiam leui subitaque de causa quosdam commit-
teret, de fabrorum quoque ac ministrorum atque id
genus numero, si automatum uel pegma uel quid tale
aliud parum cessisset. Induxit et unum ex nomencu-
latoribus suis, sic ut erat togatus.

XXXV. | Sed nihil aeque quam timidus ac diffidens
fuit. Primis imperii diebus quamquam, ut diximus,
iactator ciuilitatis, neque conuiuia inire ausus est nisi
ut speculatores cum lanceis circumstarent militesque
uice ministrorum fungerentur, neque aegrum quemquam
uisitauit nisi explorato prius cubiculo culcitisque et
stragulis praetemptatis et excussis. Reliquo autem
tempore salutatoribus scrutatores semper apposuit,
et quidem omnibus et acerbissimos. Sero enim ac uix
remisit, ne feminae praetextatique et puellae contrec-
tarentur et ne cuius comiti aut librario calamariae et
graphiariae thecae adimerentur. Motu ciuili cum eum
Camillus, non dubitans etiam citra bellum posse terreri,
contumeliosa et minaci et contumaci epistula cedere
imperio iuberet uitamque otiosam in priuata re agere,
dubitauit adhibitis principibus uiris an optemperaret.

---

101. C'étaient les combats les plus cruels et les plus brutaux, ceux où
l'on faisait s'entretuer les condamnés à mort et même les survivants des

fabriquer sans retard avec leurs deux fers de petits couteaux pour son usage. Les luttes de bestiaires et les combats de midi [101] lui plaisaient si fort que non seulement il descendait au spectacle dès l'aube, mais restait à sa place à midi, quand le peuple sortait pour déjeuner, et, non content des gladiateurs prévus, faisait combattre tout à coup, même pour un léger motif, jusqu'à des machinistes, des employés ou des gens de cet ordre, lorsqu'un dispositif automatique, une trappe ou tel mécanisme de ce genre n'avait pas joué comme il faut. Il fit même descendre dans l'arène un de ses nomenclateurs, comme il était, avec sa toge.

XXXV. Mais il était avant tout peureux et méfiant. Les premiers jours de son principat, quoiqu'il affectât, comme nous l'avons dit, une simplicité de citoyen, il n'osait point assister à des festins si ce n'était entouré de gardes portant des lances, et servi par des soldats, et ne rendait jamais visite à un malade qu'après avoir fait inspecter sa chambre, sonder les coussins et secouer les couvertures. Pendant le reste de son principat, il fit toujours fouiller les gens qui venaient le saluer, et même de très près, sans excepter personne. Ce fut à grand-peine et sur le tard qu'il en exempta les femmes, les enfants revêtus de la prétexte et les jeunes filles, et qu'il cessa de faire enlever aux esclaves ou scribes accompagnant ses visiteurs leurs boîtes de plumes et de poinçons. Comme Furius Camillus Scribonianus [102], fomentant des troubles civils et persuadé qu'on pouvait le terrifier sans même recourir à la guerre, le sommait par une lettre injurieuse, pleine d'insolentes menaces, de quitter l'empire et de se consacrer aux loisirs de la vie privée, il réunit les principaux personnages de l'État pour savoir s'il ne devait point lui obéir.

combats de la matinée. Le public connaisseur d'escrime en profitait pour aller déjeuner.
102. Furius Camillus Scribonianus, légat de Dalmatie (voir chap. XIII).

XXXVI. Quasdam insidias temere delatas adeo
expauit, ut deponere imperium temptauerit. Quodam,
ut supra rettuli, cum ferro circa sacrificantem se depre-
henso, senatum per praecones propere conuocauit lacri-
misque et uociferatione miseratus est condicionem suam,
cui nihil tuti usquam esset, ac diu publico abstinuit.
Messalinae quoque amorem flagrantissimum non tam
indignitate contumeliarum quam periculi metu abiecit,
cum adultero Silio adquiri imperium credidisset ; quo
tempore foedum in modum trepidus ad castra confugit,
nihil tota uia quam « essetne sibi saluum imperium »
requirens.

XXXVII. Nulla adeo suspicio, nullus auctor tam
leuis extitit, a quo non mediocri scrupulo iniecto ad
cauendum ulciscendumque compelleretur. Vnus ex
litigatoribus seducto in salutatione affirmauit, uidisse se
per quietem occidi eum a quodam ; dein paulo post,
quasi percussorem agnosceret, libellum tradentem aduersarium suum demonstrauit confestimque is pro deprenso
ad poenam raptus est. Pari modo oppressum ferunt
Appium Silanum ; quem cum Messalina et Narcissus
conspirassent perdere, diuisis partibus alter ante lucem
similis attonito patroni cubiculum inrupit, affirmans
somniasse se uim ei ab Appio inlatam ; altera in admira-
tionem formata sibi quoque eandem speciem aliquot

XXXVI. Certains complots lui ayant été dénoncés à la légère, il fut tellement effrayé qu'il voulut abdiquer l'empire. Lorsqu'on eut arrêté, comme je l'ai signalé plus haut [103], un individu qui rôdait autour de lui avec un poignard pendant qu'il sacrifiait, il s'empressa de convoquer le sénat par la voix des crieurs, puis, en pleurant et poussant de grands cris, il se lamenta sur son malheureux sort, qui ne lui laissait de sécurité nulle part, et pendant longtemps il s'abstint de paraître en public. De même, s'il sacrifia Messaline, malgré toute l'ardeur de sa passion pour elle, ce fut moins parce qu'il s'indigna de ses outrages que par crainte du danger, car il s'était imaginé que l'empire allait revenir à son amant Silius ; dans cette circonstance, pris d'un affolement honteux, il se réfugia dans le camp des prétoriens et tout le long de la route il ne fit que demander «s'il restait toujours empereur ».

XXXVII. Tout soupçon, tout accusateur, même les moins sérieux, furent capables de lui inspirer de graves inquiétudes, qui le poussaient à se défendre et à se venger. Un plaideur, l'ayant pris à part au cours d'une audience publique, lui affirma qu'il l'avait vu en rêve assassiné par quelqu'un ; puis, un moment après, feignant de reconnaître le meurtrier, il lui désigna son propre adversaire qui lui tendait un placet : celui-ci fut aussitôt traîné au supplice, comme s'il avait été pris sur le fait. Ce fut, dit-on, de la même manière que périt Appius Silanus : Narcisse et Messaline ayant comploté sa perte se partagèrent les rôles ; le premier fit irruption avant le jour, l'air tout égaré, dans la chambre de son maître, en déclarant avoir rêvé que l'empereur avait été assassiné par Appius ; Messaline, affectant la surprise, raconta que la même vision s'offrait à elle depuis plu-

103. Chap. XIII.

iam noctibus obuersari rettulit ; nec multo post ex
composito inrumpere Appius nuntiatus, cui pridie ad
id temporis ut adesset praeceptum erat, quasi plane
repraesentaretur somnii fides, arcessi statim ac mori
iussus est. Nec dubitauit postero die Claudius ordinem
rei gestae perferre ad senatum ac liberto gratias agere,
quod pro salute sua etiam dormiens excubaret.

XXXVIII. Irae atque iracundiae conscius sibi,
utramque excusauit edicto distinxitque, pollicitus
« alteram quidem breuem et innoxiam, alteram non
iniustam fore. » Ostiensibus, quia sibi subeunti Tiberim
scaphas obuiam non miserint, grauiter correptis eaque
cum inuidia, ut in ordinem se coactum conscriberet,
repente tantum non satis facientis modo* ueniam dedit.
Quosdam in publico parum tempestiue adeuntis manu
sua reppulit. Item scribam quaestorium itemque praetura functum senatorem inauditos et innoxios relegauit, quod ille aduersus priuatum se intemperantius
affuisset, hic in aedilitate inquilinos praediorum suorum
contra uetitum cocta uendentes multasset uilicumque
interuenientem flagellasset. Qua de causa etiam coerci-
tionem popinarum aedilibus ademit. | Ac ne stulti-
tiam quidem suam reticuit simulatamque a se ex industria sub Gaio, quod aliter euasurus peruenturusque ad
susceptam stationem non fuerit, quibusdam oratiun-

sieurs nuits ; bientôt après, comme ils l'avaient concerté, on annonça la brusque arrivée d'Appius, à qui on avait recommandé la veille de se présenter à ce moment : alors Claude, absolument persuadé que le songe se réalisait sur l'heure, ordonna de le faire entrer à l'instant et de le mettre à mort. Et le lendemain, il n'hésita pas à raconter au sénat comment les choses s'étaient passées ni à rendre grâce à son affranchi, qui, dit-il, veillait sur ses jours même en dormant.

XXXVIII. Se sachant enclin à la colère et à l'emportement, il s'excusa de ces deux défauts dans un édit, où, distinguant entre eux, il promettait « que ses emportements seraient courts et inoffensifs, et que sa colère ne serait pas injuste ». Après avoir violemment reproché aux habitants d'Ostie de ne pas avoir envoyé de barques à sa rencontre, un jour qu'il devait remonter le Tibre, et s'être emporté jusqu'à leur écrire qu'ils l'avaient traité comme le vulgaire, il leur adressa aussitôt son pardon et presque ses excuses. Certaines personnes l'abordant mal à-propos en public, il les repoussa lui-même de la main. De même, il relégua le greffier d'un questeur ainsi qu'un sénateur ancien préteur, sans les entendre et malgré leur innocence, le premier, parce qu'il avait plaidé contre lui avec trop de violence, avant son avènement, le second, pour avoir, étant édile, puni les fermiers de ses domaines, qui vendaient, contre les règlements, des denrées cuites, et fait battre de verges son intendant qui intervenait en leur faveur. Ce fut même pour cette raison qu'il retira aux édiles la surveillance des auberges. Il ne fit même pas silence sur sa bêtise et déclara dans de petits discours qu'il avait intentionnellement simulé la stupidité sous le principat de Gaius Caligula, n'ayant pas d'autre moyen pour se sauver et pour atteindre le rang

culis testatus est ; nec *tamen* persuasit, cum intra breue
tempus liber editus sit, cui index erat « Μωρῶν
ἐπανάστασις », argumentum autem stultitiam neminem
fingere.

XXXIX. | Inter cetera in eo mirati sunt homines et
obliuionem et inconsiderantiam, uel ut Graece dicam,
« μετεωρίαν » et « ἀβλεψίαν ». Occisa Messalina, paulo post
quam in triclinio decubuit, « cur domina non ueniret »
requisiit. Multos ex iis, quos capite damnauerat, postero
statim die et in consilium et ad aleae lusum admoneri
iussit et, quasi morarentur, ut somniculosos per nuntium increpuit. Ducturus contra fas Agrippinam uxorem, non cessauit omni oratione « filiam et alumnam et
in gremio suo natam atque educatam » praedicare.
Adsciturus in nomen Neronem, quasi parum reprehen-
deretur, quod adulto iam filio priuignum adoptaret,
identidem diuulgauit « neminem umquam per adoptionem familiae Claudiae insertum. »

XL. | Sermonis uero rerumque tantam saepe negle-
gentiam ostendit, ut nec quis nec inter quos, quoue
tempore ac loco uerba faceret, scire aut cogitare existimaretur. Cum de laniis ac uinariis ageretur, excla-
mauit in curia : « Rogo uos, quis potest sine offula

qu'il ambitionnait ; mais il ne convainquit personne, et, peu de temps après, on publia un livre intitulé « La Résurrection des imbéciles », démontrant que nul ne contrefait la bêtise.

XXXIX. Ce qui surprenait en particulier chez lui c'était son inconséquence et son inconscience, ou, pour m'exprimer en grec, sa « μετεωρία » et son « ἀϐλεψία ». Après l'exécution de Messaline, il était à table depuis un moment, quand il demanda « pourquoi l'impératrice ne vient-elle pas ? ». À plusieurs reprises, le lendemain du jour où il avait condamné à mort telles personnes, il les envoyait quérir, soit pour son conseil, soit pour sa partie de dés, et, comme si elles étaient en retard, chargeait son messager de secouer ces paresseux. Alors qu'il se préparait à épouser Agrippine, en passant outre aux interdits, il ne cessa, dans tous ses discours, de la proclamer « sa fille et sa pupille, née et élevée sur ses genoux ». Sur le point d'adopter Néron – comme si l'adoption de son beau-fils, alors qu'il avait un fils déjà grand, ne le faisait pas suffisamment blâmer –, à tout instant il signala que « personne n'était jamais entré par adoption dans la famille Claudia ».

XL. Dans ses propos et dans sa conduite, il fit souvent preuve d'une si grande étourderie qu'il paraissait ne pas savoir ou perdre de vue qui il était, devant quelles personnes, en quelles circonstances et dans quel lieu il parlait. Un jour qu'il était question des bouchers et des marchands de vin, il s'écria en pleine curie : « Je vous le demande, qui pourrait vivre sans une bouchée de pain ? » et il se mit à décrire l'abondance des tavernes

uiuere ? » descripsit*que* abundantiam ueterum taber-
narum, unde solitus esset uinum olim et ipse petere.
De qu*ae*stur*ae* quodam candidato inter causas suffra-
gationis suae posuit, « quod pater eius frigidam aegro
sibi tempestiue dedisset. » Inducta teste in senatu :
« Haec », inquit, « matris meae liberta et ornatrix fuit,
sed me patronum semper existimauit; hoc ideo dixi, quod
quidam sunt adhuc in domo mea, qui me patronum non
putant. » Sed et pro tribunali Ostiensibus quiddam
publice orantibus cum excanduisset, « nihil habere se »
uociferatus est, « quare eos demereatur ; si quem alium,
et se liberum esse. » Nam illa eius cotidiana et plane
omnium horarum et momentorum erant : « Quid, ego
tibi Telegenius uideor ? » et : « Λάλει καὶ μὴ θίγγανε »,
multaque talia etiam priuatis deformia, nedum principi, neque infacundo neque indocto. immo etiam per-
tinaciter liberalibus studiis dedito.

XLI. | Historiam in adulescentia hortante T. Liuio,
Sulpicio uero Flauo etiam adiuuante, scribere adgressus est. Et cum primum frequenti auditorio commisis-
set, aegre perlegit refrigeratus saepe a semet ipso.
Nam cum initio recitationis defractis compluribus subsellis obesitate cuiusdam risus exortus esset, ne sedato
quidem tumultu temperare potuit, quin ex interuallo
subinde facti reminisccretur cachinnosque reuocaret.

104. Personnage inconnu.

d'autrefois, où jadis il avait aussi lui-même coutume d'aller chercher du vin. Recommandant un candidat à la questure, il fit valoir, entre autres titres, que « le père de cet homme lui avait, pendant une maladie, donné à-propos de l'eau fraîche ». Ayant présenté une femme, comme témoin, au sénat, il dit : « Elle a été l'affranchie et la femme de chambre de ma mère, et m'a toujours considéré comme son patron ; je signale ce fait, parce qu'il y a, maintenant encore, chez moi, des gens qui ne me regardent pas comme leur patron. » Mieux encore : comme des habitants d'Ostie lui adressaient à son tribunal une requête au nom de leur cité, il s'enflamma de colère et hurla qu'« il n'avait aucune raison de les obliger, et que, s'il existait un homme libre, c'était lui ». Il avait, en outre, ses formules habituelles, qu'il répétait vraiment à toute heure et à chaque instant, par exemple : « Eh quoi ! me prenez-vous pour Telegenius [104] ? » et « Babillez, mais ne touchez pas ! », ainsi que beaucoup d'autres analogues, malséantes même pour de simples particuliers, à plus forte raison pour un prince qui, loin d'être sans éloquence et sans culture, s'était appliqué avec persévérance aux études libérales.

XLI. Durant son adolescence, il entreprit d'écrire une histoire, sur les conseils de Tive-Live et même avec le concours de Sulpicius Flavus [105]. La première fois qu'il se risqua devant un nombreux auditoire, il eut grand-peine à parvenir au bout de sa lecture, ayant lui-même, à plusieurs reprises, refroidi son propre entrain. En effet, les rires ayant éclaté, au début de sa lecture, parce que plusieurs bancs s'étaient rompus sous le poids excessif d'un auditeur, même lorsque le désordre se fut apaisé il ne put s'empêcher de revenir de temps à autre sur cet incident, ce qui fit renaître le fou rire. Même une

105. Sans doute cet ami mentionné par Auguste dans sa lettre à Livie (voir chap. IV).

In principatu quoque et scripsit plurimum et assidue
recitauit per lectorem. Initium autem sumpsit his-
toriae post caedem Caesaris dictatoris, sed* transiit
ad inferiora tempora coepitque a pace ciuili, cum senti-
ret neque libere neque uere sibi de superioribus tradendi
potestatem relictam, correptus saepe et a matre et ab
auia. Prioris materiae duo uolumina, posterioris unum
et quadraginta reliquit. Composuit et « De uita sua »
octo uolumina, magis inepte quam ineleganter ; item
« Ciceronis defensionem aduersus Asini Galli libros »
satis eruditam. Nouas etiam commentus est litteras
tres ac numero ueterum quasi maxime necessarias
addidit ; de quarum ratione cum priuatus adhuc
uolumen edidisset, mox princeps non difficulter optinuit
ut in usu quoque promiscuo essent. Extat talis scrip-
tura in plerisque libris ac diurnis titulisque operum.

XLII. | Nec minore cura Graeca studia secutus est
amorem praestantiamque linguae occasione omni professus. Cuidam barbaro Graece ac Latine disserenti :
« Cum utroque », inquit, « sermone nostro sis paratus » ;
et in commendanda patribus conscriptis Achaia, « gra-
tam sibi prouinciam » ait « communium studiorum
commercio » ; ac saepe in senatu legatis perpetua oratione respondit. Multum uero pro tribunali etiam Home-
ricis locutus est uersibus. Quotiens quidem hostem uel

---

106. La mère de Claude, Antonia, était la fille d'Antoine, l'adversaire
d'Auguste et sa grand-mère paternelle, Livie, était la femme
d'Auguste ; on conçoit que leurs interprétations respectives des guerres

fois empereur, il écrivit beaucoup et fit très souvent donner lecture de ses ouvrages. Il prit pour point de départ de son histoire les temps qui suivirent le meurtre du dictateur César, mais il passa ensuite à une époque plus récente et débuta par la paix qui succéda aux guerres civiles, car les reproches multipliés de sa mère et de sa grand-mère lui firent comprendre qu'il ne lui était pas permis de raconter librement, avec sincérité, les événements antérieurs [106]. Il laissa deux volumes de sa première histoire et quarante et un de la seconde. Il composa en outre huit volumes de mémoires autobiographiques, dénués d'esprit plutôt que d'élégance, ainsi qu'une *Apologie de Cicéron contre les livres d'Asinius Gallus*, ouvrage d'un certain savoir. Il inventa même trois lettres, qu'il joignit à l'ancien alphabet, les jugeant indispensables ; étant encore simple particulier, il avait publié un volume sur cette question, et plus tard, une fois empereur, il obtint sans peine qu'on les employât même couramment avec les autres. On peut voir ces caractères dans la plupart des livres, dans les journaux affichés et dans les inscriptions des monuments (qui datent de cette époque).

XLII. Il ne mit pas moins d'application à cultiver les études grecques, proclamant à chaque occasion la beauté de cette langue et son amour pour elle. S'adressant à un étranger qui discourait en grec et en latin, il lui dit : « Puisque vous possédez nos deux langues » ; en confiant l'Achaïe aux sénateurs [107], il déclara qu'« il aimait cette province en raison de la communauté des études » ; et souvent au sénat il répondit aux ambassadeurs grecs par un discours suivi (en leur langue). Même à son tribunal il cita souvent des vers d'Homère. Chaque

civiles aient pu diverger sur nombre d'événements et de personnages. Claude, prudent, préféra s'abstenir d'écrire cette histoire.
107. Tibère avait décrété l'Achaïe province impériale, Claude la rendit au sénat, qui la gérait auparavant.

insidiatorem ultus esset, excubitori tribuno signum de more poscenti non temere aliud dedit quam :

Ἄνδρ' ἀπαμύνασθαι, ὅτε τις πρότερος χαλεπήνῃ.

| Denique et Graecas scripsit historias, Tyrrhenicon uiginti, Carchedonacon octo. Quarum causa ueteri Alexandriae Musio additum ex ipsius nomine *nouum*; institutumque ut quotannis in altero Tyrrhenicon libri, in altero Carchedonacon diebus statutis velut in auditorio recitarentur toti a singulis per uices.

XLIII. | Sub exitu uitae signa quaedam nec obscura paenitentis de matrimonio Agrippinae deque Neronis adoptione dederat, siquidem commemorantibus libertis ac laudantibus cognitionem, qua pridie quandam adulterii ream condemnarat, « sibi quoque in fatis esse » iactauit « omnia impudica, sed non impunita matrimonia »; et subinde obuium sibi Britannicum artius complexus hortatus est, « ut cresceret rationemque a se omnium factorum acciperet », Graeca insuper uoce prosecutus : « Ὁ τρώσας καὶ ἰάσεται, » cumque impubi teneroque adhuc, quando statura permitteret, togam dare destinasset, adiecit : « Vt tandem populus R. uerum Caesarem habeat. »

---

108. Homère, *Iliade*, 24, 369, *Odyssée*, 21,133.
109. Réponse de l'oracle au roi de Mysie, blessé par la lance d'Achille.

fois qu'il s'était vengé d'un ennemi ou d'un conspirateur, au tribun de garde qui, selon l'usage, lui demandait le mot d'ordre, il n'en donna presque jamais d'autre que :

Repousser quiconque viendrait à m'attaquer [108].

Enfin, il écrivit aussi deux histoires en grec, celle des Étrusques, en vingt livres, et celle des Carthaginois, en huit. Pour commémorer ces deux œuvres, à l'ancien Musée d'Alexandrie en fut ajouté un nouveau portant son nom, et l'on établit que tous les ans, à des jours déterminés, on ferait lire, comme dans une salle de récitation, en entier et en changeant de lecteur à chaque livre, dans l'un, l'histoire des Étrusques, dans l'autre, celle des Carthaginois.

XLIII. Vers la fin de sa vie, Claude avait fait voir par certains signes assez clairs qu'il regrettait son mariage avec Agrippine et l'adoption de Néron ; ainsi, entendant ses affranchis rappeler avec éloge une condamnation qu'il avait portée la veille contre une femme accusée d'adultère, il proféra : « Mon destin, à moi aussi, veut que toutes mes femmes soient impudiques, mais non impunies » ; et, l'instant d'après, rencontrant Britannicus, il lui dit en le serrant étroitement entre ses bras : « Grandis et je te rendrai compte de toutes mes actions », puis, par surcroît, en grec : « Celui qui t'a blessé te guérira aussi [109]. » Quand il exprima l'intention de lui donner la toge virile, puisque sa taille le permettait, quoiqu'il fût encore impubère et tout enfant, il ajouta : « C'est pour que le peuple romain ait enfin un véritable César [110]. »

Il guérit selon la légende en touchant sa blessure avec la lance qui l'avait blessé.
110. Cette formule signifiait qu'il le voulait pour successeur.

XLIV. Non multoque post testamentum etiam con-
scripsit ac signis omnium magistratuum obsignauit.
Prius igitur quam ultra progrederetur, praeuentus est
ab Agrippina, quam praeter haec conscientia quoque
nec minus delatores multorum criminum arguebant.
| Et ueneno quidem occisum conuenit ; ubi autem et
per quem dato, discrepat. Quidam tradunt epulanti in
arce cum sacerdotibus per Halotum spadonem praegus-
tatorem ; alii domestico conuiuio per ipsam Agrippinam,
quae boletum medicatum auidissimo ciborum talium
optulerat. Etiam de subsequentibus diuersa fama est.
Multi statim hausto ueneno obmutuisse aiunt excru-
ciatumque doloribus nocte tota defecisse prope lucem.
Nonnulli inter initia consopitum, deinde cibo affluente
euomuisse omnia, repetitumque toxico, incertum pul-
tine addito, cum uelut exhaustum refici cibo oporteret,
an immisso per clystera, ut quasi abundantia laboranti
etiam hoc genere egestionis subueniretur.

XLV. Mors eius celata est, donec circa successorem
omnia ordinarentur. Itaque et quasi pro aegro adhuc
uota suscepta sunt et inducti per simulationem comoedi,
qui uelut desiderantem oblectarent. Excessit III. Id.
Octob. Asinio Marcello Acilio Auiola coss. sexagesimo
quarto aetatis, imperii quarto decimo anno, funeratus-
que est sollemni principum pompa et in numerum

111. Sans doute le collège des prêtres d'Auguste dont Claude faisait
partie (voir chap. VI) et qui célébrait alors la fête des Augustalia.
112. Esclave chargé de goûter la nourriture et les boissons afin de préserver les convives de tout empoisonnement.
113. Le troisième jour avant les ides d'octobre. Les Augustalia se ter-

XLIV. Peu de temps après, il rédigea même son testament et le fit signer par tous les magistrats. Aussi, avant de pouvoir aller plus loin, il fut prévenu par Agrippine, qui, outre ces symptômes inquiétants, se voyait accusée de nombreux crimes non seulement par sa conscience, mais aussi par les délateurs. On s'accorde à dire qu'il périt par le poison, mais quand lui fut-il donné et par qui ? Sur ce point, les avis diffèrent. Certains rapportent que ce fut alors qu'il dînait avec des prêtres [111] dans la citadelle, par l'eunuque Halotus, son dégustateur [112] ; d'autres, pendant un festin donné au Palais, par Agrippine elle-même, qui lui avait fait servir des cèpes empoisonnés, genre de mets dont il était friand. Même désaccord sur les suites de l'empoisonnement. Beaucoup prétendent qu'aussitôt après avoir absorbé le poison, il devint muet, fut torturé par la souffrance durant toute la nuit et mourut à l'approche du jour. Selon quelques-uns, il fut d'abord assoupi, puis son estomac trop chargé rejeta tout ce qu'il contenait ; alors on lui donna de nouveau du poison, peut-être dans une bouillie, car, épuisé, en quelque sorte, il avait besoin de nourriture pour se refaire, peut-être en lui faisant prendre un lavement, sous prétexte de dégager par cette autre voie son corps embarrassé.

XLV. Sa mort fut tenue secrète jusqu'à ce que tout fût réglé concernant son successeur. Aussi l'on commença des prières publiques, comme s'il était encore malade, et, pour donner le change, on fit venir [au Palais] des comédiens qu'il avait soi-disant demandés pour le distraire. Il mourut le 13 octobre [113], sous le consulat d'Asinius Marcellus et d'Acilius Aviola [114], dans la soixante-quatrième année de sa vie et la quatorzième de son principat ; on célébra ses funérailles avec la pompe impériale d'usage et il fut rangé au nombre des

minaient le quatrième jour avant les ides d'octobre.
114. En 54.

deorum relatus ; quem honorem a Nerone destitutum
abolitumque recepit mox per Vespasianum.

XLVI. Praesagia mortis eius praecipua fuerunt :
exortus crinitae stellae, [quam cometem uocant], tac-
tumque de caelo monumentum Drusi patris, et quod
eodem anno ex omnium magistratuum genere plerique
mortem obierant. Sed nec ipse ignorasse aut dissimulasse ultima uitae suae tempora uidetur, aliquot quidem
argumentis. Nam et cum consules designaret, neminem
ultra mensem quo obiit designauit, et in senatu, cui
nouissime interfuit, multum ad concordiam liberos
suos cohortatus, utriusque aetatem suppliciter patribus
commendauit, et in ultima cognitione pro tribunali
« accessisse ad finem mortalitatis », quamquam abomi-
nantibus qui audiebant, semel atque iterum pronuntiauit.

dieux, mais Néron délaissa, puis abolit son culte, que rétablit plus tard Vespasien.

XLVI. Les principaux présages de sa mort furent l'apparition d'une comète, la chute de la foudre sur le tombeau de son père Drusus, et le fait que durant cette même année étaient morts la plupart des magistrats de tout ordre. Mais, de plus, lui-même semble ne pas avoir ignoré ni caché quelle devait être sa dernière heure : en voici du moins plusieurs preuves. Lorsqu'il désigna les consuls, il n'en nomma aucun pour les mois qui suivirent celui où il mourut ; par ailleurs, la dernière fois qu'il vint au sénat, il exhorta vivement ses deux fils à la concorde, puis, en termes suppliants, recommanda leur jeunesse aux sénateurs ; enfin, lors de sa dernière instruction judiciaire, du haut de son tribunal, il déclara par deux fois, quoique ce présage fût repoussé par ceux qui l'écoutaient, qu'« il était arrivé au terme de sa vie mortelle ».

LIBER VI

NERO

I. | Ex gente Domitia duae familiae claruerunt,
Caluinorum et Aenobarborum. Aenobarbi auctorem
originis itemque cognominis habent L. Domitium,
cui rure quondam reuertenti iuuenes gemini augustiore
forma ex occursu imperasse traduntur, nuntiaret senatui
ac populo uictoriam, de qua incertum adhuc erat ;
atque in fidem maiestatis adeo permulsisse malas, ut
e nigro rutilum aerique similem capillum redderent.
Quod insigne mansit et in posteris eius, ac magna pars
rutila barba fuerunt. Functi autem consulatibus
septem, triumpho censuraque duplici et inter patricios
adlecti perseuerauerunt omnes in eodem cognomine.
Ac ne praenomina quidem ulla praeterquam Gnaei et
Luci usurparunt ; eaque ipsa notabili uarietate, modo
continuantes unum quodque per trinas personas, modo
alternantes per singulas. Nam primum secundumque

---

1. À Rome le surnom *(cognomen)* était transmis dans la lignée en
même temps que le nom *(nomen)*. Le surnom était la marque de l'an-
cienneté du clan et donc de sa noblesse.
2. Les Dioscures, Castor et Pollux.
3. La victoire des Romains sur les Latins, au lac Régille (début du ve

LIVRE VI

NÉRON

I. Chez les Domitii deux branches s'illustrèrent :
celle des Calvini et celle des Ahenobarbi. Les
Ahenobarbi font remonter leur origine ainsi que leur surnom [1] à L. Domitius : d'après la tradition, un jour qu'il
revenait de la campagne, il rencontra deux jeunes gens,
frères jumeaux, d'une très majestueuse beauté [2], qui lui
ordonnèrent d'annoncer au sénat et au peuple une victoire [3] dont on n'était pas encore sûr, et, pour lui prouver
leur divinité, lui caressèrent si bien les joues qu'ils donnèrent à sa barbe noire une couleur rousse, analogue à
celle du bronze [4]. Ce signe particulier se transmit à ses
descendants, dont un grand nombre eurent la barbe rousse. Quoiqu'ils eussent obtenu sept consulats, un
triomphe, deux censures, et qu'on les eût élevés au rang
de patriciens, ils gardèrent tous le même surnom [5]. Ils ne
prirent pas non plus d'autres prénoms que ceux de
Gnaeus et de Lucius ; de plus – particularité à signaler –,
tantôt chacun de ces deux prénoms était porté successivement par trois d'entre eux, tantôt ils prenaient alternativement l'un ou l'autre. L'histoire nous dit, en effet, que
le premier, le second et le troisième des Ahenobarbi
s'appelèrent Lucius, les trois suivants, l'un après l'autre,

siècle av. J.-C.) La légende disait que les Dioscures avaient combattu
à la tête de l'armée romaine ce jour-là.
4. *Ahenobarbus* signifie « à la barbe d'airain ».
5. Un surnom d'origine légendaire donnait plus de prestige qu'un surnom d'origine historique même très ancienne.

ac tertium Aenobarborum Lucios, sequentis rursus
tres ex ordine Gnaeos accepimus, reliquos non nisi uicissim tum Lucios tum Gnaeos. Pluris e familia cognosci
referre arbitror, quo facilius appareat ita degenerasse
a suorum uirtutibus Nero, ut tamen uitia cuiusque quasi
tradita et ingenita rettulerit.

II. Vt igitur paulo altius repetam, atauus eius CN.
Domitius in tribunatu pontificibus offensior, quod alium
quam se in patris sui locum cooptassent, ius sacerdotum
subrogandorum a collegiis ad populum transtulit ; at
in consulatu Allobrogibus Aruernisque superatis elephanto per prouinciam uectus est turba militum quasi
inter sollemnia triumphi prosequente. In hunc dixit Licinius Crassus orator « non esse mirandum, quod aeneam
barbam haberet, cui os ferreum, cor plumbeum esset. »
Huius filius praetor C. Caesarem abeuntem consulatu,
quem aduersus auspicia legesque gessisse existimabatur,
ad disquisitionem senatus uocauit ; mox consul imperatorem ab exercitibus Gallicis retrahere temptauit
successorque ei per factionem nominatus principio
ciuilis belli ad Corfinium captus est. Vnde dimissus
Massiliensis obsidione laborantis cum aduentu suo
confirmasset, repente destituit acieque demum Pharsa-
lica occubuit ; uir neque satis constans et ingenio truci
in desperatione rerum mortem timore appetitam ita
expauit, ut haustum uenenum paenitentia euomuerit

6. Suétone confond Cn. Domitius Ahenobarbus le père, proconsul en
121 av. J.-C., vainqueur des Allobroges et des Arvernes, et Cn.
Domitius Ahenobarbus le fils, tribun de la plèbe en 104 av. J.-C..
7. L. Domitius Ahenobarbus, fils du tribun de la plèbe (104 av. J.-C.),
préteur en 58 av. J.C., opposant farouche à César.

Gnaeus, et les autres, alternativement, Lucius ou Gnaeus. Je crois qu'il importe de faire connaître plusieurs membres de cette famille, afin de pouvoir mieux montrer que si Néron dégénéra des vertus de ses ancêtres, inversement les vices de chacun d'eux se retrouvèrent en lui, comme s'ils lui avaient été transmis avec le sang.

II. Remontant donc un peu haut, je signalerai qu'étant tribun, son trisaïeul Cn. Domitius, profondément irrité contre les pontifes qui s'étaient agrégé à la place de son père un autre collègue que lui, fit enlever aux divers collèges et passer au peuple le droit d'élire les prêtres ; d'autre part, pendant son consulat, ayant battu les Allobroges et les Arvernes, il parcourut sa province porté par un éléphant et suivi, comme dans la cérémonie solennelle du triomphe, par la foule de ses soldats [6]. C'est à son sujet que l'orateur Licinius Crassus prononça cette parole : « Il ne faut pas s'étonner qu'il ait une barbe d'airain, puisqu'il a une bouche de fer, un cœur de plomb. » Son fils [7], étant préteur, cita C. Jules César pour enquête devant le sénat, au sortir du consulat qu'il avait, jugeait-on, exercé contrairement aux auspices et aux lois ; ensuite, une fois consul [8], il essaya d'enlever aux armées des Gaules leur général en chef (Jules César), et désigné comme son successeur par le parti (adverse), il se fit prendre à Corfinium [9] au début de la guerre civile. De là, relâché par César, en venant à Marseille il rendit courage aux habitants épuisés par le siège, puis les abandonna subitement, et mourut enfin sur le champ de bataille de Pharsale [10] ; homme sans caractère et d'un naturel farouche, quand sa situation fut désespérée, la crainte lui fit rechercher la mort [11], mais il fut pris devant elle d'une si grande terreur que, regrettant d'avoir bu du poison, il se fit vomir et affranchit son médecin, qui, par

8. En 54 av. J.-C. / 9. Le 21 février 49 av. J.-C. / 10. août 48 av. J.-C. 11. L'épisode se place lors de la prise de Corfinium par Jules César et annonce, pour Suétone, le comportement final de Néron.

medicumque manumiserit, quod sibi prudens ac sciens minus noxium temperasset. Consultante autem CN. Pompeio de mediis ac neutram partem sequentibus solus censuit hostium numero habendos.

III. | Reliquit filium omnibus gentis suae procul dubio praeferendum. Is inter conscios Caesarianae necis quamquam insons damnatus lege Pedia, cum ad Cassium Brutumque se propinqua sibi cognatione iunctos contulisset, post utriusque interitum classem olim commissam retinuit, auxit etiam, nec nisi partibus ubique profligatis M. Antonio sponte et ingentis meriti loco tradidit. Solusque omnium ex iis, qui pari lege damnati erant, restitutus in patriam amplissimos honores percucurrit ; ac subinde redintegrata dissensione ciuili, eidem Antonio legatus, delatam sibi summam imperii ab iis, quos Cleopatrae pudebat, neque suscipere neque recusare fidenter propter subitam ualitudinem ausus, transiit ad Augustum et in diebus paucis obiit, nonnulla et ipse infamia aspersus. Nam Antonius eum desiderio amicae Seruiliae Naidis transfugisse iactauit.

IV. | Ex hoc Domitius nascitur, quem emptorem familiae pecuniaeque in testamento Augusti fuisse mox uulgo notatum est, non minus aurigandi arte in adulescentia clarus quam deinde ornamentis triumphalibus ex Germanico bello. Verum arrogans, profusus, immitis censorem L. Plancum uia sibi decedere aedilis coegit ;

12. Loi de 43 qui engageait les poursuites contre les assassins de César.
13. L'*emptor familiae pecuniaeque* : acheteur fictif auquel le testateur vendait son patrimoine, il se devait d'exécuter ses dernières volontés.

précaution et à bon escient, avait atténué pour lui la violence du toxique. Par ailleurs, lorsque Cn. Pompée délibérait sur le cas des personnes qui restaient entre les deux partis, sans en suivre aucun, lui seul opina qu'il fallait les compter au nombre des ennemis.

III. Il laissa un fils, qui, sans conteste, mérite d'être préféré à tous les membres de sa famille. Condamné en vertu de la loi Pédia [12], malgré son innocence, comme complice du meurtre de César, il se rendit auprès de Cassius et de Brutus, auxquels il était uni par une étroite parenté, puis, lorsqu'ils eurent péri, l'un et l'autre, conserva et même accrut la flotte qui lui avait été précédemment confiée, et ce fut seulement après la défaite totale de son parti qu'il la remit à M. Antoine, de son plein gré, ce qui compta pour un service éminent. Aussi, parmi tous ceux qui avaient été condamnés en vertu de la même loi, il fut seul à pouvoir rentrer dans sa patrie et occupa successivement les plus hautes charges ; bientôt après, les discordes civiles ayant recommencé, Antoine le prit comme lieutenant et, le commandement suprême lui ayant été offert par ceux qui rougissaient de Cléopâtre, il n'osa ni l'accepter ni le refuser hardiment, en raison d'une maladie subite, et passa du côté d'Auguste, puis mourut quelques jours après, entaché lui aussi de quelque infamie, car Antoine prétendit qu'il avait déserté son camp, parce qu'il regrettait sa maîtresse Servilia Naïs.

IV. Son fils Domitius, que plus tard le testament d'Auguste fit connaître à tous comme son fidéicommissaire pour l'ensemble du patrimoine [13], ne s'illustra pas moins, durant sa jeunesse, par son habileté à conduire un char, que par la suite en obtenant les ornements du triomphe, après la guerre de Germanie. Par ailleurs, hautain, prodigue et cruel, il obligea, étant édile, le censeur L. Plancus à lui céder le pas ; devenu préteur, puis

praeturae consulatusque honore equites R. matronasque
ad agendum mimum produxit in scaenam. Venationes et
in circo et in omnibus urbis regionibus dedit, munus
etiam gladiatorium, sed tanta saeuitia, ut necesse fuerit
Augusto clam frustra monitum edicto coercere.

V. Ex Antonia maiore patrem Neronis procreauit
omni parte uitae detestabilem, siquidem comes ad
Orientem C. Caesaris iuuenis, occiso liberto suo, quod
potare quantum iubebatur recusarat, dimissus e cohorte
amicorum nihilo modestius uixit ; sed et in uiae Appiae
uico repente puerum citatis iumentis haud ignarus
obtriuit et Romae medio foro cuidam equiti R. liberius
iurganti oculum eruit ; perfidiae uero tantae, ut non
modo argentarios pretiis rerum coemptarum, sed et in
praetura mercede palmarum aurigarios fraudauerit ;
notatus ob haec et sororis ioco, querentibus dominis
factionum repraesentanda praemia in posterum sanxit.
Maiestatis quoque et adulteriorum incestique cum
sorore Lepida sub excessu Tiberi reus, mutatione temporum euasit decessitque Pyrgis morbo aquae intercutis,
sublato filio Nerone ex Agrippina Germanico genita.

VI. | Nero natus est Anti post VIIII. mensem quam
Tiberius excessit, XVIII. Kal. Ian. tantum quod

14. En 16 ap. J.-C.
15. Fille de Marc Antoine et d'Octavie la sœur d'Auguste.
16. Les ventes à l'encan avaient lieu devant les boutiques des banquiers
qui recevaient les versements des acquéreurs.
17. Les propriétaires d'écuries de course.

consul [14], il produisit sur la scène comme acteurs de
mimes des chevaliers romains et des matrones. Il donna
des chasses non seulement dans le cirque, mais dans
toutes les régions de Rome, et même un combat de gladiateurs, mais d'une telle férocité qu'Auguste, après lui
avoir fait en secret d'inutiles remontrances, fut obligé
d'y mettre ordre par un édit.

V. De son mariage avec Antonia l'aînée [15] naquit le
père de Néron, dont la conduite fut en tout point détestable : ainsi, ayant accompagné en Orient le jeune
C. César Germanicus, il tua l'un de ses affranchis qui
s'était refusé à boire autant qu'il le lui ordonnait, et,
quoique, pour ce fait, Caius Germanicus l'eût chassé du
groupe de ses amis, il ne se conduisit nullement avec
plus de modération ; au contraire, en faisant galoper tout
à coup son attelage dans un bourg de la voie Appienne,
il écrasa exprès un enfant, et, à Rome, en plein forum, il
arracha un œil à un chevalier romain qui lui adressait des
reproches sans se gêner ; il était, en outre, de si mauvaise foi qu'il refusa de payer non seulement aux banquiers des objets achetés à l'encan [16], mais encore aux
conducteurs de chars, durant sa préture, les récompenses
de leurs victoires ; stigmatisé pour ce double fait même
par une plaisanterie de sa sœur, devant les plaintes des
chefs de factions [17], il édicta qu'à l'avenir les prix
seraient payés comptant. Il fut aussi, peu de temps avant
la mort de Tibère, accusé de lèse-majesté, d'adultères et
de relations incestueuses avec sa sœur Lepida, mais,
sauvé par le changement d'empereur, il mourut d'hydro-
pisie à Pyrgi [18], laissant un fils, Néron, qu'il avait eu
d'Agrippine, fille de Germanicus.

VI. Néron naquit à Antium, neuf mois après la mort
de Tibère, le 15 décembre [19], précisément au lever du

18. Port d'Étrurie.
19. Le 15 décembre 37, le dix-huitième jour avant les calendes de
janvier 38.

exoriente sole, paene ut radiis prius quam terra contingeretur. De genitura eius statim multa et formidolosa multis coiectantibus praesagio fuit etiam Domitii patris uox, inter gratulationes amicorum negantis « quicquam ex se et Agrippina nisi detestabile et malo publico nasci potuisse. » Eiusdem futurae infelicitatis signum euidens die lustrico extitit; nam C. Caesar, rogante sorore ut infanti quod uellet nomen daret, intuens Claudium patruum suum, a quo mox principe Nero adoptatus est, « eius se » dixit « dare », neque ipse serio sed per iocum et aspernante Agrippina, quod tum Claudius inter ludibria aulae erat. | Trimulus patrem amisit; cuius ex parte tertia heres, ne hanc quidem integram cepit correptis per coheredem Gaium uniuersis bonis. Et subinde matre etiam relegata paene inops atque egens apud amitam Lepidam nutritus est sub duobus paedagogis saltatore atque tonsore. Verum Claudio imperium adepto non solum paternas opes reciperauit, sed et Crispi Passieni uitrici sui hereditate ditatus est. Gratia quidem et potentia reuocatae restitutaeque matris usque eo floruit, ut emanaret in uulgus missos a Messalina uxore Claudii, qui eum meridiantem, quasi Britannici aemulum, strangularent. Additum fabulae eosdem dracone e puluino se proferente

---

20. Au neuvième jour suivant la naissance, le *dies lustricus*, se déroulait un rituel pour purifier les nouveau-nés.

soleil, en sorte qu'il fut frappé de ses rayons presque avant la terre. De son horoscope nombre de gens tirèrent aussitôt une foule de prédictions effrayantes et l'on vit même un présage dans les paroles de son père Domitius répondant aux félicitations de ses amis : « qu'il n'avait pu naître d'Agrippine et de lui rien que de détestable et de funeste à l'État ». Son destin néfaste fut encore annoncé de façon très claire, le jour de la purification [20] ; en effet, C. César Caligula, prié par sa sœur Agrippine de donner à l'enfant le nom qu'il voudrait, regarda Claude, son oncle, qui plus tard, une fois empereur, adopta Néron, et déclara : « Je lui donne le sien », mais il n'indiquait lui-même ce nom que pour plaisanter, et, de son côté, Agrippine le dédaigna, parce que Claude était alors la risée de la cour. À trois ans, il perdit son père ; il héritait du tiers de ses biens, mais cette part elle-même, il ne la reçut pas intégralement, car Gaius Caligula, son cohéritier, s'empara de tout. Et même, comme bientôt après sa mère avait été reléguée, restant presque sans ressources [21], il fut élevé chez sa tante Lepida, sous la direction de deux maîtres, un danseur et un barbier. Une fois Claude maître de l'empire, non seulement il recouvra son patrimoine, mais fut enrichi par l'héritage de Crispus Passienus, son beau-père [22]. Puis le crédit et la puissance de sa mère, qui avait été rappelée et rétablie dans ses droits, le grandirent à tel point, que, suivant un bruit répandu dans le public, Messaline, l'épouse de Claude, le considérant comme un rival pour Britannicus, envoya des gens l'étrangler pendant sa sieste. La légende ajoutait que les assassins, voyant un

---

21. Agrippine avait été accusée de comploter contre Caligula en 39.
22. Deuxième époux d'Agrippine en 41, il meurt en 48.

conterritos refugisse. Quae fabula exorta est deprensis
in lecto eius circum ceruicalia serpentis exuuiis ; quas
tamen aureae armillae ex uoluntate matris inclusas
dextro brachio gestauit aliquandiu ac taedio tandem
maternae memoriae abiecit rursusque extremis suis
rebus frustra requisiit.

VII. | Tener adhuc necdum matura pueritia circen-
sibus ludis Troiam constantissime fauorabiliterque
lusit. Vndecimo aetatis anno a Claudio adoptatus est
Annaeoque Senecae iam tunc senatori in disciplinam
traditus. Ferunt Senecam proxima nocte uisum sibi
per quietem C. Caesari praecipere, et fidem somnio
Nero breui fecit prodita immanitate naturae quibus primum potuit experimentis. Namque Britannicum fratrem, quod se post adoptionem « Aenobarbum » ex
consuetudine salutasset, ut subditiuum apud patrem
arguere conatus est. Amitam autem Lepidam ream
testimonio coram afflixit gratificans matri, a qua rea
premebatur. | Deductus in forum tiro populo congia-
rium, militi donatiuum proposuit indictaque decursione
praetorianis scutum sua manu praetulit ; exin patri
gratias in senatu egit. Apud eundem consulem pro
Bononiensibus Latine, pro Rhodis atque Iliensibus
Graece uerba fecit. Auspicatus est et iuris dictionem
praefectus urbi sacro Latinarum, celeberrimis patronis

23. Tous les magistrats se rendant à Albe pour assister aux Fêtes latines
qui duraient trois jours, on nommait, pour les remplacer, un préfet de

serpent dragon se dresser à son chevet, s'enfuirent avec épouvante. Ce qui donna lieu à cette fable, c'est qu'on avait découvert la dépouille d'un serpent, dans son lit, autour de son oreiller ; cependant, comme Agrippine avait fait enchâsser cette dépouille dans un bracelet d'or, Néron le porta assez longtemps autour de son poignet droit, puis il le rejeta enfin, quand le souvenir de sa mère lui devint importun, et, de nouveau, le fit rechercher, mais en vain, dans ses derniers malheurs.

VII. À un âge encore tendre, en pleine enfance, il participa aux jeux troyens, pendant les représentations du cirque, avec beaucoup d'assurance et de succès. Au cours de sa onzième année, il fut adopté par Claude, et reçut pour précepteur Annaeus Sénèque, alors déjà sénateur. La nuit suivante, paraît-il, Sénèque rêva qu'il avait pour élève C. César Caligula, et Néron se chargea, bientôt après, de faire croire à ce songe en trahissant par des coups d'essai, dès qu'il le put, la barbarie de sa nature. Ainsi, comme son frère Britannicus l'avait, par habitude, salué du nom d'Ahenobarbus après son adoption, il s'efforça de persuader Claude que Britannicus n'était pas son fils. De même, lorsque sa tante Lepida fut mise en accusation, il porta contre elle, en sa présence, un témoignage accablant, pour être agréable à sa mère, qui voulait la perdre. À l'occasion de ses débuts au forum, il offrit au peuple des dons en nature, aux soldats, des gratifications, et, faisant passer une revue aux prétoriens, leur présenta le bouclier lui-même, de sa propre main ; ensuite, il rendit grâces à son père, au sénat. Il plaida devant Claude alors consul, en latin, pour les habitants de Bologne, en grec, pour les Rhodiens et les Troyens. Il rendit aussi la justice pour la première fois comme préfet de Rome, durant les fêtes latines [23], et les plus célèbres avocats rivalisèrent entre eux pour porter à son

Rome. Ce dernier se contentait d'expédier les affaires courantes, ce ne fut pas le cas pour Néron malgré la défense faite par Claude.

non tralaticias, ut assolet, et breuis, sed maximas plu-
rimasque postulationes certatim ingerentibus, quamuis
interdictum a Claudio esset. Nec multo post duxit
uxorem Octauiam ediditque pro Claudi salute circenses
et uenationem.

VIII. | Septemdecim natus annos, ut de Claudio
palam factum est, inter horam sextam septimamque
processit ad excubitores, cum ob totius diei diritatem
non aliud auspicandi tempus accommodatius uideretur ;
proque Palati gradibus imperator consalutatus lectica
in castra et inde raptim appellatis militibus in curiam
delatus est discessitque iam uesperi, ex immensis, quibus
cumulabatur, honoribus tantum « patris patriae »
nomine recusato propter aetatem.

IX. | Orsus hinc a pietatis ostentatione Claudium
apparatissimo funere elatum laudauit *et* consecrauit.
Memoriae Domitii patris honores maximos habuit.
Matri summam omnium rerum priuatarum publica-
rumque permisit. Primo etiam imperii die signum excu-
banti tribuno dedit « optimam matrem » ac deinceps
eiusdem saepe lectica per publicum simul uectus est.
Antium coloniam deduxit ascriptis ueteranis e praetorio
additisque per domicilii translationem ditissimis primipi-
larium ; ubi et portum operis sumptuosissimi fecit.

X. | Atque ut certiorem adhuc indolem ostenderet,

24. En 54.

tribunal non point, suivant l'usage, des affaires courantes et vite réglées, mais une foule de causes très
importantes, cela malgré l'interdiction de Claude. Peu
de temps après, il épousa Octavie [24] et donna pour le
salut de Claude des jeux du cirque et une chasse.

VIII. Il était âgé de dix-sept ans, lorsque, la mort de
Claude ayant été annoncée, il s'avança vers les soldats
de garde, entre la sixième et la septième heure, parce
que, vu le mauvais temps qu'il fit toute cette journée,
aucun autre moment ne parut plus favorable pour
prendre les auspices ; salué empereur sur les marches du
Palais, il fut porté en litière dans le camp (des prétoriens), puis, après une rapide allocution aux soldats, il
fut conduit à la curie, d'où il ne sortit que le soir, ayant
accepté tous les honneurs sans mesure dont on le com-
blait, sauf le titre de Père de la Patrie, en raison de son
âge.

IX. Ensuite, commençant par faire étalage de piété
filiale, il célébra magnifiquement les funérailles de
Claude, fit son éloge funèbre et l'éleva au rang des
dieux. Il accorda de très grands honneurs à la mémoire
de son père Domitius. Quant à sa mère Agrippine, il lui
laissa la haute direction de toutes les affaires privées et
publiques. Le premier jour de son principat, il donna
même comme mot d'ordre au tribun de garde : « la
meilleure des mères », et souvent par la suite il se pro-
mena en public avec elle dans la litière d'Agrippine. Il
établit à Antium [25] une colonie composée de vétérans
prétoriens, auxquels il joignit les plus riches des anciens
centurions primipiles [26], qui abandonnèrent leur ancienne résidence ; en outre, il y construisit un port au prix de
sommes énormes.

X. Pour mieux prouver encore ses bonnes disposi-

---

25. Sa ville natale.
26. Le plus haut grade des centurions.

ex Augusti praescripto imperaturum se professus, neque
liberalitatis neque clementiae, ne comitatis quidem
exhibendae ullam occasionem omisit. Grauiora uecti-
galia aut aboleuit aut minuit. Praemia delatorum Papiae
legis ad quartas redegit. Diuisis populo uiritim quadringenis nummis, senatorum nobilissimo cuique, sed a
re familiari destituto annua salaria et quibusdam quin-
gena constituit, item praetorianis cohortibus frumen-
tum menstruum gratuitum. Et cum de supplicio
cuiusdam capite damnati ut ex more subscribere admoneretur : « Quam uellem », inquit, « nescire litteras ! »
Omnis ordines subinde ac memoriter salutauit. Agenti
senatui gratias respondit : « Cum meruero. » Ad
campestres exercitationes suas admisit et plebem decla-
mauitque saepius publice ; recitauit et carmina, non
modo domi sed et in theatro, tanta uniuersorum laetitia,
ut ob recitationem supplicatio decreta sit eaque pars
carminum aureis litteris Ioui Capitolino dicata.

XI. | Spectaculorum plurima et uaria genera edi-
dit : iuuenales, circenses, scaenicos ludos, gladiatorium
munus. Iuuenalibus senes quoque consulares anusque
matronas recepit ad lusum. Circensibus loca equiti
secreta a ceteris tribuit commisitque etiam camelorum
quadrigas. Ludis, quos pro aeternitate imperii sus-

---

27. Loi sanctionnant les célibataires et les mariés sans enfants. Voir
Vie de Claude, XIX.

tions, il déclara qu'il gouvernerait suivant les principes d'Auguste, et ne laissa passer aucune occasion de manifester sa générosité et sa clémence, voire même son amabilité. Il abolit ou diminua les impôts trop lourds. Il réduisit au quart les récompenses accordées à ceux qui dénonçaient les infractions à la loi Papia [27]. Il fit distribuer au peuple quatre cents sesterces par tête, puis décida que tous les sénateurs issus de très nobles familles, mais ruinés, auraient des appointements annuels, s'élevant pour certains à cinq cent mille sesterces, et les cohortes prétoriennes, une distribution gratuite de blé, tous les mois. Un jour qu'on le priait de signer, selon l'usage, un arrêt de mort, il dit : « Comme je voudrais ne pas savoir écrire ! » Il salua souvent des gens de tous les ordres (par leur nom) et de mémoire. Au sénat qui le remerciait il répondit : « Attendez que je l'aie mérité. » La plèbe elle-même fut admise à ses exercices militaires et très souvent il déclama en public ; il donna aussi lecture de ses poésies, non seulement dans son palais, mais encore au théâtre, et tout le monde en fut si charmé qu'après une séance de ce genre on décréta des actions de grâces aux dieux et que les vers lus par lui furent gravés en lettres d'or et dédiés à Jupiter Capitolin.

XI. Il donna un très grand nombre de spectacles divers : des jeux juvénaux [28], des jeux du cirque, des représentations théâtrales, un combat de gladiateurs. Pour les jeux juvénaux, il admit comme acteurs même de vieux consulaires et des matrones très âgées. Pour ceux du cirque, il réserva aux chevaliers des places à part et fit même courir des quadriges attelés de chameaux. Au cours des représentations qu'il donna pour l'éternité

28. Ces jeux commémoraient le jour où Néron avait fait couper sa première barbe en 58. Voir plus loin chap. XII.

ceptos appellari « maximos » uoluit, ex utroque ordine
et sexu plerique ludicras partes sustinuerunt ; notissi-
mus eques R. elephanto supersidens per catadromum
decucurrit ; inducta Afrani togata, quae « Incendium »
*in*scribitur, concessumque ut scaenici ardentis domus
supellectilem diriperent ac sibi haberent ; sparsa et
populo missilia omnium rerum per omnes dies : singula
cotidie milia auium cuiusque generis, multiplex penus,
tesserae frumentariae, uestis, aurum, argentum, gemmae, margaritae, tabulae pictae, mancipia, iumenta
atque etiam mansuetae ferae, nouissime naues, insulae,
agri.

XII.   Hos ludos spectauit e proscaeni fastigio.
Munere, quod in amphitheatro ligneo regione Martii
campi intra anni spatium fabricato dedit, neminem
occidit, ne noxiorum quidem.   Exhibuit autem ad
ferrum etiam quadringentos senatores sescentosque
equites Romanos et quosdam fortunae atque existi-
mationis integrae, ex isdem ordinibus confectores quoque ferarum et uaria harenae ministeria.   Exhibuit et
naumachiam marina aqua innantibus beluis ; item
pyrrichas quasdam e numero epheborum, quibus post
editam operam diplomata ciuitatis Romanae singulis

---

29. Auteur (iie siècle av. J.-C.) très apprécié à Rome de comédies
romaines *(fabulae togatae)*.
30. La pyrrhique est une danse guerrière spartiate au rythme très mar-

de l'empire et fit, pour ce motif, nommer « très grands jeux », de très nombreuses personnes des deux ordres et des deux sexes remplirent des rôles divertissants ; un chevalier romain très connu, juché sur un éléphant, descendit le long d'une corde ; on représenta la comédie d'Afranius [29] intitulée *L'Incendie*, et l'on permit aux acteurs de mettre au pillage et de garder pour eux les meubles de la maison embrasée ; chaque jour on fit aussi pleuvoir sur la foule des cadeaux tout à fait variés : quotidiennement un millier d'oiseaux de toute espèce, des victuailles diverses, des bons de blé, des vêtements, de l'or, de l'argent, des pierres précieuses, des perles, des tableaux, (des bons donnant droit à) des esclaves, à des bêtes de somme, et même à des fauves apprivoisés, et jusqu'à des navires, des immeubles, des terres.

XII. Néron suivit ces jeux du haut de l'avant-scène. Durant le combat de gladiateurs qu'il donna dans un amphithéâtre de bois construit en moins d'une année dans la région du Champ de Mars, il ne laissa tuer personne, même parmi les condamnés ; au nombre des combattants figurèrent quatre cents sénateurs et six cents chevaliers romains, dont certains jouissaient d'une fortune et d'une réputation intactes ; à ces deux ordres appartenaient aussi les bestiaires et les divers employés de l'arène. Il donna encore une naumachie, où l'on vit des monstres marins nageant dans de l'eau de mer ; il fit également exécuter des pyrrhiques par des éphèbes [30], qui tous, après avoir joué leur rôle, reçurent le brevet de

---

qué, exécutée aussi bien par des jeunes gens que par des jeunes filles. Les Romains n'avaient pas une bonne opinion de la danse sauf quand elle faisait partie de rituels religieux.

optulit. Inter pyrricharum argumenta taurus Pasi-
phaam ligneo iuuencae simulacro abditam iniit, ut multi
spectantium crediderunt ; Icarus primo statim conatu
iuxta cubiculum eius decidit ipsumque cruore resper-
sit. Nam perraro praesidere, ceterum accubans, paruis
primum foraminibus, deinde toto podio adaperto spec-
tare consueuerat. | Instituit et quinquennale certamen
primus omnium Romae more Graeco triplex, musicum
gymnicum equestre, quod appellauit Neronia ; dedica-
tisque thermis atque gymnasio senatui quoque et equiti
oleum praebuit. Magistros toto certamini praeposuit
consulares sorte, sede praetorum. Deinde in orches-
tram senatumque descendit et orationis quidem carmi-
nisque Latini coronam, de qua honestissimus quisque
contenderat, ipsorum consensu concessam sibi recepit,
citharae autem a iudicibus ad se delatam adorauit
ferrique ad Augusti statuam iussit. Gymnico, quod
in Saeptis edebat, inter buthysiae apparatum barbam
primam posuit conditamque in auream pyxidem et pretiosissimis margaritis adornatam Capitolio consecrauit. Ad athletarum spectaculum inuitauit et uirgi-
nes Vestales, quia Olympiae quoque Cereris sacerdotibus
spectare conceditur.

---

31. Représentation de deux mythes grecs du cycle crétois, celui de
Pasiphaé et celui de Dédale et de son fils Icare.
32. Néron agit selon la coutume grecque comme un vrai gymnasiarque
qui fournit l'huile gratuitement, y compris aux plus riches.

citoyen romain ; entre ces danses, un taureau saillit une génisse de bois, où beaucoup de spectateurs crurent que Pasiphaé était enfermée ; Icare [31], dès son premier essai, tomba près de la loge de l'empereur, qui fut lui-même éclaboussé de sang. En effet, Néron présidait très rarement le spectacle : d'ordinaire, il le regardait, couché sur un lit, les premiers temps par de petites ouvertures, puis du haut du podium, qu'il avait fait découvrir en entier. Il institua en outre, chose entièrement nouvelle à Rome, un concours quinquennal, triple, suivant l'usage grec – musical, gymnique et hippique –, auquel il donna le nom de « Joutes néroniennes » ; après avoir inauguré des thermes et un gymnase, il fournit l'huile [32] même aux sénateurs et aux chevaliers. Il fit présider tout ce concours par des consulaires tirés au sort et siégeant à la place des préteurs. Ensuite il descendit se placer dans l'orchestre, avec les sénateurs ; il accepta la couronne d'éloquence et de poésie latines, que s'étaient disputée les plus honorables citoyens et qu'ils lui cédèrent d'un commun accord, mais quand les juges lui décernèrent celle des joueurs de cithare, il s'agenouilla et la fit porter devant la statue d'Auguste. Pendant le concours de gymnastique, donné dans l'enceinte des élections, il se fit couper la barbe pour la première fois, dans la pompe d'une hécatombe, et il la renferma dans une boîte d'or enrichie de perles d'un très grand prix, qu'il consacra au Capitole. Aux luttes athlétiques il invita même les Vestales, parce qu'à Olympie même les prêtresses de Cérès sont admises à ce spectacle [33].

33. Les athlètes concourant nus, les Romains considéraient que cela constituait un spectacle indécent pour les femmes et donc bien sûr pour les vestales.

XIII. | Non immerito inter spectacula ab eo edita
et Tiridatis in urbem introitum rettulerim. Quem
Armeniae regem magnis pollicitationibus sollicitatum,
cum destinato per edictum die ostensurus populo
propter nubilum distulisset, produxit quo oportunis-
sime potuit, dispositis circa fori templa armatis cohortibus, curuli residens apud rostra triumphantis habitu
inter signa militaria atque uexilla. Et primo per deue-
xum pulpitum subeuntem admisit ad genua adleua-
tumque dextra exosculatus est, dein precanti *tiara*
deduct*a* diadema inposuit, uerba supplicis interpretata
praetorio uiro multitudini pronuntiante ; perductum
inde in theatrum ac rursus supplicantem iuxta se latere
dextro conlocauit. Ob quae imperator consalutatus,
ịaurea in Capitolium lata, Ianum geminum clausit,
tam quam* nullo residuo bello.

XIV. | Consulatus quattuor gessit : primum bimens-
trem, secundum et nouissimum semenstres, tertium
quadrimenstrem ; medios duos continuauit, reliquos
inter annua spatia uariauit.

XV. In iuris dictione postulatoribus nisi sequenti
die ac per libellos non temere respondit. Cognoscendi
morem eum tenuit, ut continuis actionibus omissis sin-

---

34. Rome disputa l'Arménie aux Parthes pendant neuf ans, de 54 à 63,
jusqu'au succès final de Corbulon. L'entrée du roi d'Arménie se fit en
66, l'échange de la tiare contre un diadème marquant le compromis
auquel les deux empires étaient parvenus. Le temple de Janus « à deux
têtes » *(geminus)* était formé d'un passage voûté avec des portes à ses
deux extrémités, lesquelles n'étaient fermées qu'en temps de paix.

XIII. Je crois devoir signaler encore parmi les spectacles donnés par Néron l'entrée de Tiridate à Rome. C'était le roi d'Arménie, qu'il avait attiré par des promesses magnifiques ; il fixa par un édit la date à laquelle il le présenterait au peuple, mais comme ce jour-là le ciel était couvert, il attendit pour le faire paraître le jour le plus favorable : on rangea des cohortes en armes près des temples du forum, et Néron siégea sur une chaise curule à la tribune aux harangues, en habit de triomphateur, entouré d'enseignes et de drapeaux. D'abord, Tiridate vint, en montant par une rampe, s'agenouiller devant Néron, qui le releva de la main droite et lui donna l'accolade ; puis l'empereur, sur ses prières, lui enleva sa tiare et le couronna d'un diadème, tandis qu'un ancien préteur répétait en latin à la foule les paroles du suppliant ; après cela, il le conduisit au théâtre, reçut de nouveau ses supplications et le plaça auprès de lui, à sa droite. Salué imperator pour ce fait, Néron porta au Capitole une couronne de laurier et ferma le temple de Janus à deux têtes, estimant qu'il ne restait plus aucune guerre [34].

XIV. Néron exerça quatre consulats [35] : le premier dura deux mois, le second et le dernier, un semestre, le troisième, quatre mois ; le second et le troisième furent consécutifs, mais chacun des deux autres fut séparé de ceux-ci par un intervalle d'un an.

XV. Quand il rendait la justice, presque toujours il ne répondait aux demandeurs que le lendemain et par écrit. Dans les enquêtes impériales [36], il prit pour règle d'interdire les discours suivis et de faire présenter tour à tour par les deux parties chaque détail de la cause. Chaque

---

35. Le 1er, en 55 : 2 mois ; le 2e, en 57 : 6 mois ; le 3e en 58 : 4 mois ; le 4e, en 60 : 6 mois ; il exerça un 5e consulat en 68.
36. Il s'agit des affaires instruites par l'empereur à titre extraordinaire.

gillatim quaeque per uices ageret. Quotiens autem ad
consultandum secederet, neque in commune quicquam
neque propalam deliberabat, sed conscriptas ab uno
quoque sententias tacitus ac secreto legens, quod ipsi
libuisset perinde atque pluribus idem uideretur pronun-
tiabat. | In curiam libertinorum filios diu non admisit ;
admissis a prioribus principibus honores denegauit.
Candidatos, qui supra numerum essent, in solacium
dilationis ac morae legionibus praeposuit. Consulatum
in senos plerumque menses dedit defunctoque circa
Kal. Ian. altero e consulibus neminem substituit impro-
bans exemplum uetus Canini Rebili uno die consulis.
Triumphalia ornamenta etiam quaestoriae dignitatis et
nonnullis ex equestri ordine tribuit nec utique de causa
militari. De quibusdam rebus orationes ad senatum
missas praeterito quaestoris officio per consulem plerumque recitabat.

XVI. Formam aedificiorum urbis nouam excogitauit
et ut ante insulas ac domos porticus essent, de quarum
solariis incendia arcerentur, easque sumptu suo extruxit.
Destinarat etiam Ostia tenus moenia promouere atque
inde fossa mare ueteri urbe inducere. | Multa sub eo et
animaduersa seuere et coercita nec minus instituta :
adhibitus sumptibus modus ; publicae cenae ad spor-

---

37. Caninius Rebilus : nommé consul par César la veille des calendes
de janvier 44 en remplacement d'un consul décédé le jour même.
38. Servir de porte-parole ne convenait pas à la dignité des consuls :
ainsi Auguste faisait-il lire ses adresses au sénat par un questeur.
39. Ce projet ne répondait à aucune nécessité défensive, la capitale de
l'empire ne pouvant être menacée de l'extérieur, il s'agit ici d'une imitation des « Longs Murs » qui reliaient Athènes au Pirée.

fois qu'il se retirait pour délibérer, sur aucun point il ne consultait ses assesseurs tous ensemble ni ouvertement, mais ayant lu en silence et tout seul les sentences écrites par chacun d'eux, il prononçait le jugement qui lui agréait, comme si la majorité décidait ainsi. Pendant longtemps il n'admit pas au sénat les fils d'affranchis ; il refusa les magistratures à ceux que ses prédécesseurs y avaient admis. Pour consoler les candidats en surnombre du retard qu'ils subissaient, il leur donna des commandements de légions. Le consulat fut, le plus souvent, conféré pour six mois. L'un des consuls étant mort vers les calendes de janvier, il ne désigna personne à sa place, et condamna le précédent de Caninius Rebilus qui jadis avait été consul pendant un jour [37]. Il accorda les ornements du triomphe même à des gens qui avaient rang de questeurs et à quelques chevaliers, et non pas uniquement pour des mérites militaires. Quand il adressait au sénat un message sur telle ou telle question, c'était d'ordinaire par un consul qu'il le faisait lire, sans recourir à un questeur [38].

XVI. Il imagina de donner une forme nouvelle aux édifices de Rome et voulut qu'il y eût sur le devant des maisons de rapport et des maisons particulières des portiques surmontés de terrasses, d'où l'on pourrait combattre les incendies ; ces portiques, il les fit bâtir à ses frais. Il avait même résolu de prolonger les murs de Rome jusqu'à Ostie [39] et de faire arriver les eaux de la mer dans les vieux quartiers de Rome par un canal partant de cette ville. Sous son principat furent édictées beaucoup de condamnations rigoureuses et de mesures répressives, mais non moins de règlements nouveaux : on imposa des bornes au luxe [40] ; on remplaça les festins publics par des distributions de vivres ; il fut défendu de

40. Les lois somptuaires font partie de la tradition d'austérité romaine sous la République, ici il s'agit de mesures destinées à sauver les finances impériales.

tulas redactae ; interdictum ne quid in popinis cocti
praeter legumina aut holera ueniret, cum antea nullum
non obsonii genus proponeretur ; afflicti suppliciis
Christiani, genus hominum superstitionis nouae ac
maleficae ; uetiti quadrigariorum lusus, quibus inuete-
rata licentia passim uagantibus fallere ac furari per
iocum ius erat ; pantomimorum factiones cum ipsis
simul relegatae ;

XVII. aduersus falsarios tunc primum repertum, ne
tabulae nisi pertusae ac ter lino per foramina traiecto
obsignarentur ; cautum ut testamentis primae duae
cerae testatorum modo nomine inscripto uacuae signa-
turis ostenderentur ac ne qui alieni testamenti scriptor
legatum sibi ascriberet ; item ut litigatores pro patro-
ciniis certam iustamque mercedem, pro subsellis nullam
omnino darent praebente aerario gratuita ; utque rerum
actu ab aerario causae ad forum ac reciperatores trans-
ferrentur et ut omnes appellationes a iudicibus ad
senatum fierent.

XVIII. | Augendi propagandique imperii neque
uoluntate ulla neque spe motus umquam, etiam ex
Britannia deducere exercitum cogitauit, nec nisi uere-
cundia, ne obtrectare parentis gloriae uideretur, destitit.
Ponti modo regnum concedente Polemone, item Alpium
defuncto Cottio in prouinciae formam redegit.

XIX. | Peregrinationes duas omnino suscepit,

41. De cette façon, les signataires pouvaient garantir l'authenticité du
testament sans connaître les noms des légataires, et n'étaient pas tentés
d'en ajouter d'autres.
42. C'est-à-dire que les procès intentés aux débiteurs du trésor ne

vendre dans les cabarets aucune denrée cuite, en dehors des légumes et des herbes potagères, alors qu'on y servait auparavant toutes sortes de mets ; on livra aux supplices les chrétiens, sorte de gens adonnés à une superstition nouvelle et dangereuse ; on interdit les ébats des conducteurs de quadriges, qu'un antique usage autorisait à vagabonder dans toute la ville en trompant et volant les citoyens pour se divertir ; on relégua tout à la fois les pantomimes et leurs factions.

XVII. Contre les faussaires, on imagina cette précaution nouvelle de ne cacheter les tablettes qu'après les avoir percées de trous dans lesquels le fil passerait trois fois ; on prescrivit de présenter les deux premières tablettes des testaments aux signataires alors qu'elles portaient uniquement les noms des testateurs [41] et l'on défendit à ceux qui rédigeaient le testament d'autrui de s'y inscrire comme légataires ; on arrêta également que les plaideurs paieraient à leurs avocats des honoraires déterminés de façon équitable, mais qu'ils ne devraient absolument rien pour les bancs, fournis par le trésor à titre gratuit ; enfin, dans l'administration de la justice, que les procès (intentés par le trésor) seraient portés, non plus devant le fisc, mais au forum, devant les récupérateurs [42], et que tous les appels seraient déférés au sénat.

XVIII. Jamais Néron ne fut en aucune manière touché par le désir ni par l'espoir d'accroître et d'étendre l'empire : il songea même à retirer ses troupes de Bretagne, et ce fut uniquement par convenance, pour ne point paraître insulter à la gloire de son père, qu'il y renonça. Il réduisit seulement en province le royaume du Pont, avec l'assentiment de Polémon, et celui des Alpes, après la mort de Cottius.

XIX. Il n'entreprit que deux voyages, celui

seraient plus portés devant le préfet du trésor, mais seraient traités comme les autres affaires pécuniaires, devant des récupérateurs, généralement plus accommodants pour les accusés.

Alexandrinam et Achaicam; sed Alexandrina ipso
profectionis die destitit turbatus religione simul ac
periculo. Nam cum circumitis templis in aede Vestae
resedisset, consurgenti ei primum lacinia obhaesit,
dein tanta oborta caligo est, ut dispicere non posset. In
Achaia Isthmum perfodere adgressus praetorianos
pro contione ad incohandum opus cohortatus est tuba-
que signo dato primus rastello humum effodit et corbu-
lae congestam umeris extulit. Parabat et ad Caspias por-
tas expeditionem conscripta ex Italicis senum pedum
tironibus noua legione, quam Magni Alexandri phalanga
appellabat. | Haec partim nulla reprehensione, partim
etiam non mediocri laude digna in unum contuli, ut
secernerem a probris ac sceleribus eius, de quibus dehinc
dicam.

XX. | Inter ceteras disciplinas pueritiae tempore
imbutus et musica, statim ut imperium adeptus est,
Terpnum citharoedum uigentem tunc praeter alios
arcessiit diebusque continuis post cenam canenti
in multam noctem assidens paulatim et ipse meditari
exercerique coepit neque eorum quicquam omittere,
quae generis eius artifices uel conseruandae uocis
causa uel augendae factitarent; sed et plumbeam

d'Alexandrie et celui d'Achaïe ; mais il renonça au premier le jour même de son départ, troublé à la fois par un scrupule religieux et par la menace d'un danger. En effet, comme après sa visite des temples il s'était assis dans celui de Vesta, lorsqu'il voulut se lever, il fut d'abord retenu par le pan de sa toge, puis il s'éleva une brume si dense qu'il ne pouvait rien distinguer. En Achaïe, entreprenant de percer l'isthme (de Corinthe), il harangua les prétoriens pour les encourager à se mettre à l'ouvrage, puis, au signal de la trompette, donna lui-même les premiers coups de bêche, remplit une hotte de terre et l'emporta sur ses épaules. Il préparait aussi une expédition vers les Portes caspiennes, pour laquelle il avait fait enrôler en Italie une nouvelle légion ne comprenant que des recrues mesurant six pieds, qu'il appelait la phalange d'Alexandre le Grand [43]. Tous ces actes, dont les uns ne méritent aucun blâme, et les autres sont même dignes de grands éloges, je les ai groupés en un seul développement, pour les séparer de ses hontes et de ses crimes, dont je vais parler.

XX. Durant son enfance, on l'avait, en dehors de ses autres études, initié à la musique, et, sitôt qu'il fut empereur, il appela auprès de lui Terpnus, le citharède alors le plus en vogue, resta plusieurs jours de suite, après le dîner, assis à côté de lui, tandis qu'il chantait, jusqu'à une heure avancée de la nuit, puis peu à peu se mit à travailler et à s'exercer lui-même, sans négliger aucune des précautions que les artistes de ce genre ont coutume de prendre pour conserver ou amplifier leur voix ; il allait

43. Les Portes caspiennes, défilé dans le Taurus, donnent accès en Arménie. L'expédition se fait ouvertement à l'imitation du Macédonien : Néron se présente comme le nouvel Alexandre.

chartam supinus pectore sustinere et clystere uomi-
tuque purgari et abstinere pomis cibisque officientibus ;
donec blandiente profectu, quamquam exiguae uocis
et fuscae, prodire in scaenam concupiit, subinde inter
familiares Graecum prouerbium iactans « occultae
musicae nullum esse respectum. » Et prodit Neapoli
primum ac ne concusso quidem repente motu terrae
theatro ante cantare destitit, quam incohatum absolueret
nomon.   Ibidem saepius et per complures cantauit
dies ; sumpto etiam ad reficiendam uocem breui tempore, impatiens secreti a balineis in theatrum transiit
mediaque in orchestra frequente populo epulatus, « si
paulum subbibisset, aliquid se sufferti tinniturum »
Graeco sermone promisit.   Captus autem modulatis
Alexandrinorum laudationibus, qui de nouo commeatu
Neapolim confluxerant, plures Alexandria euocauit.
Neque eo segnius adulescentulos equestris ordinis
et quinque amplius milia e plebe robustissimae iuuen-
tutis undique elegit, qui diuisi in factiones plausuum
genera condiscerent (bombos et imbrices et testas uoca-
bant) operamque nauarent cantanti sibi, insignes pin-
guissima coma et excellentissimo cultu pu[e]ris ac

44. « Une voix faible et sourde selon les témoignages », suivant Dion
Cassius.
45. Naples (Neapolis), ville de langue et de coutumes grecques, tient
une grande place dans les rapports de Néron avec la culture grecque. Il
y débuta en 64.

même jusqu'à supporter sur sa poitrine une feuille de plomb, en se tenant couché sur le dos, à prendre lavements et vomitifs pour se dégager le corps, à s'abstenir des fruits et des mets nuisibles à son organe ; enfin, charmé de ses progrès, quoique sa voix fût grêle et sourde [44], il brûla de se produire sur la scène, et répétait constamment à ses familiers le proverbe grec : « De musique cachée on ne fait point de cas. » Ce fut à Naples qu'il débuta [45] et, quoiqu'un tremblement de terre eût tout à coup ébranlé le théâtre [46], il ne cessa de chanter qu'après avoir terminé son morceau. Il s'y fit entendre maintes fois et pendant plusieurs jours ; bien mieux, comme il prenait un moment de repos pour refaire sa voix, ne pouvant supporter cette solitude, il revint au théâtre au sortir du bain et, dînant au milieu de l'orchestre, en présence d'une foule considérable, il lui promit en grec « de faire retentir quelque chose de bien plein, sitôt qu'il aurait un peu bu ». Charmé de s'entendre célébrer dans des cantates par des habitants d'Alexandrie [47], récemment débarqués en foule à Naples, il en fit venir un plus grand nombre de cette ville. Il n'en mit pas moins d'empressement à recruter partout des adolescents de familles équestres et plus de cinq mille jeunes plébéiens des plus robustes, pour leur faire apprendre, après les avoir divisés en factions, différentes sortes d'applaudissements, nommés bourdonnements, bruits de tuiles et de tessons, afin d'être soutenu par eux lorsqu'il chantait [48] ; on les reconnaissait à leur chevelure très épaisse, à leur costume somptueux, à l'absence de tout anneau à leur main

---

46. Le théâtre s'écroula juste après la sortie du public. Selon Tacite (*Annales*, 15, 34), il n'y eut pas de victimes.

47. Naples et sa région entretiennent des relations suivies avec le plus grand port grec de la Méditerranée orientale.

48. Les augustiens forment une claque mais aussi une sorte de groupe rythmique d'accompagnement.

sine anulo laeuis, quorum duces quadringena milia
sestertia merebant.

XXI. | Cum magni aestimaret cantare etiam Romae,
Neroneum agona ante praestitutam diem reuocauit
flagitantibusque cunctis caelestem uocem respondit
quidem « in hortis se copiam uolentibus facturum, »
sed adiuuante uulgi preces etiam statione militum,
quae tunc excubabat, « repraesentaturum se » pollicitus est libens ; ac sine mora nomen suum in albo pro-
fitentium citharoedorum iussit ascribi sorticulaque
in urnam cum ceteris demissa intrauit ordine suo,
simul praefecti praetorii citharam sustinentes, post
tribuni militum iuxtaque amicorum intimi. Vtque
constitit, peracto principio, « Niobam se cantaturum »
per Cluuium Rufum consularem pronuntiauit et in
horam fere decimam perseuerauit coronamque eam
et reliquam certaminis partem in annum sequentem
distulit, ut saepius canendi occasio esset. Quod cum
tardum uideretur, non cessauit identidem se publi-
care. Dubitauit etiam an priuatis spectaculis operam
inter scaenicos daret, quodam praetorum sestertium
decies offerente. Tragoedias quoque cantauit perso-
natus, heroum deorumque, item heroidum ac dearum,
personis effectis ad similitudinem oris sui et feminae,

49. Cluvius Rufus, consul en 45, est l'auteur d'une histoire qui a servi
de source à Tacite.
50. La mythologie grecque fut une source inépuisable de thèmes pour

gauche, et leurs chefs gagnaient quatre cent mille sesterces.

XXI. Comme il tenait beaucoup à chanter même à Rome, il recommença les jeux néroniens avant la date prévue et, tous les spectateurs réclamant sa voix céleste, il répondit d'abord « qu'il réaliserait leur désir dans ses jardins », mais, les soldats de garde eux-mêmes joignant leurs prières à celles de la foule, il promit avec plaisir « de s'exécuter tout de suite » ; puis, sans aucun retard, il fit porter son nom sur la liste des citharèdes qui concouraient, déposa comme eux son bulletin dans l'urne, et fit son entrée, à son tour, avec les préfets du prétoire qui portaient sa cithare, suivi des tribuns militaires, et accompagné de ses amis les plus intimes. Lorsqu'il eut pris place, après avoir donné un prélude, il fit annoncer par le consulaire Cluvius Rufus [49] « qu'il allait chanter Niobé [50] », et ne s'arrêta que vers la dixième heure, mais il remit à l'année suivante l'attribution de cette couronne et la fin du concours, pour avoir plus souvent l'occasion de chanter. Toutefois, comme ce délai lui semblait trop long, il ne se priva pas de se faire entendre plusieurs fois en public. Il songea même à prêter son concours, avec des professionnels, à des spectacles privés [51], car un préteur lui offrait un million de sesterces. Il figura aussi dans des rôles tragiques de héros et de dieux, d'héroïnes et de déesses, sous des masques reproduisant ses propres traits ou ceux des femmes qui eurent

les compositions de Néron. Ici il s'agit de Niobé, fille de Tantale, que la vengeance des dieux a privée de tous ses enfants.

51. Ce sont des spectacles donnés à leurs frais par les magistrats.

prout quamque diligeret. Inter cetera cantauit Cana-
cen parturientem, Oresten matricidam, Oedipodem
excaecatum, Herculem insanum. In qua fabula fama
est tirunculum militem positum ad custodiam aditus,
cum eum ornari ac uinciri catenis, sicut argumentum
postulabat, uideret, accurrisse ferendae opis gratia.

XXII. | Equorum studio uel praecipue ab ineunte
aetate flagrauit plurimusque illi sermo, quamquam
uetaretur, de circensibus erat ; et quondam tractum
prasini agitatorem inter condiscipulos querens, obiur-
gante paedagogo, de Hectore se loqui ementitus est.
Sed cum inter initia imperii eburneis quadrigis cotidie in abaco luderet, ad omnis etiam minimos circenses
e secessu commeabat, primo clam, deinde propalam,
ut nemini dubium esset eo die utique affuturum.
Neque dissimulabat uelle se palmarum numerum
ampliari ; quare spectaculum multiplicatis missibus
in serum protrahebatur, ne dominis quidem iam factionum dignantibus nisi ad totius diei cursum greges
ducere. Mox et ipse aurigare atque etiam spectari
saepius uoluit positoque in hortis inter seruitia et sor-
didam plebem rudimento uniuersorum se oculis in
circo maximo praebuit, aliquo liberto mittente map-

---

52. Ces thèmes sont aussi ceux des tragédies de Sénèque.
53. Au cirque, les factions de cochers sont au nombre de quatre : les
blancs, les bleus, les verts et les rouges, couleurs immuables de leurs
casaques.
54. Rappel de la scène du cadavre d'Hector, accroché au char d'Achille
et traîné sous les murs de Troie .

tour à tour sa faveur. Il chanta entre autres « l'accouche-
ment de Canacé, Oreste meurtrier de sa mère, Œdipe
devenu aveugle, Hercule furieux [52] ». On raconte que,
durant cette dernière pièce, un tout jeune soldat qui
montait la garde à la porte, voyant qu'on parait Néron
(pour le sacrifice) et qu'on le chargeait de chaînes,
comme le demandait le sujet, accourut pour lui prêter
main-forte.

XXII. Pour les chevaux, il eut, dès son plus jeune
âge, une passion particulièrement vive, et la plupart de
ses conversations roulaient, quoiqu'on le lui défendît,
sur les jeux du cirque ; un jour, il s'apitoyait au milieu
de ses condisciples sur un cocher du parti vert [53] traîné
par ses chevaux et, comme son maître le grondait, il
déclara qu'il parlait d'Hector [54]. Au début de son principat, il s'amusait chaque jour à faire évoluer sur une table
de jeu des quadriges d'ivoire et quittait sa retraite pour
assister aux moindres jeux du cirque, d'abord en secret,
puis sans se cacher, de sorte que ces jours-là tout le
monde était absolument certain qu'il serait présent.
D'ailleurs, il ne cachait pas qu'il voulait voir augmenter
le nombre des prix ; aussi, comme on multipliait les
départs, le spectacle se prolongeait-il jusqu'à une heure
tardive et les chefs de partis [55] eux-mêmes ne daignaient
plus amener leur troupe que pour une course d'une journée entière. Bientôt il voulut conduire lui-même et, qui
plus est, se donner souvent en spectacle : il fit donc son
apprentissage dans ses jardins, au milieu des esclaves et
de la populace, puis s'offrit aux yeux de tous dans le
grand cirque, et ce fut un de ses affranchis qui jeta la serviette [56] de la place où le font habituellement les magistrats. Non content d'avoir donné à Rome la preuve de

55. Les propriétaires d'écuries et de cochers.
56. Le président du spectacle jetait une serviette dans l'arène pour donner le signal du début des jeux.

pam unde magistratus solent. Nec contentus harum
artium experimenta Romae dedisse, Achaiam, ut diximus, petit hinc maxime motus. Instituerant ciuitates,
apud quas musici agones edi solent, omnes citharoedorum coronas ad ipsum mittere. Eas adeo grate reci-
piebat, ut legatos, qui pertulissent, non modo primos
admitteret, sed etiam familiaribus epulis interponeret.
A quibusdam ex his rogatus ut cantaret super caenam,
exceptusque effusius, « solos scire audire Graecos solos-
que se et studiis suis dignos » ait. Nec profectione
dilata, ut primum Cassiopen traiecit, statim ad aram
Iouis Cassii cantare auspicatus certamina deinceps
obiit omnia.

XXIII. Nam et quae diuersissimorum temporum
sunt, cogi in unum annum, quibusdam etiam iteratis,
iussit et Olympiae quoque praeter consuetudinem musicum agona commisit. Ac ne quid circa haec occupatum
auocaret detineretue, cum praesentia eius urbicas res
egere a liberto Helio admoneretur, rescripsit his uerbis :
« Quamuis nunc tuum consilium sit et uotum celeriter
reuerti me, tamen suadere et optare potius debes, ut
Nerone dignus reuertar. » | Cantante eo ne necessaria
quidem causa excedere theatro licitum est. Itaque
et enixae quaedam in spectaculis dicuntur et multi
taedio audiendi laudandique clausis oppidorum portis
aut furtim desiluisse de muro aut morte simulata funere
elati. Quam autem trepide anxieque certauerit, quanta

---

57. Son talent de musicien et celui de cocher.
58. Cf. chap. XIX.
59. Ville de Corcyre, île de la mer Ionienne, au nord-ouest de la Grèce.

ces talents [57], il se rendit en Achaïe, comme nous l'avons indiqué [58] ; voici surtout ce qui motiva son départ. Les cités (de cette province) où se donnent régulièrement des concours de musique, avaient décidé de lui envoyer toutes les couronnes des citharèdes. Il les acceptait avec une telle reconnaissance que, non content de recevoir avant tous les autres les délégués qui les lui apportaient, il les admettait à ses dîners intimes. Comme certains d'entre eux l'avaient prié de chanter au cours du repas et s'étaient ensuite répandus en louanges, il déclara « que seuls les Grecs savaient écouter, qu'ils étaient les seuls auditeurs dignes de Néron et de son art ». Il partit donc sans différer et sitôt qu'il eut abordé à Cassiope [59], il fit ses débuts en chantant devant l'autel de Jupiter Cassius, puis, à partir de ce moment, se présenta dans tous les concours.

XXIII. En effet, non seulement il ordonna de grouper en une seule année ceux qui ont lieu à des dates très différentes, en faisant même recommencer quelques-uns, mais, contrairement à l'usage, il organisa un concours de musique même à Olympie. Et, ne voulant pas être distrait ni dérangé par quoi que ce fût au milieu de ces occupations, comme une lettre de son affranchi Helius [60] l'avertissait que les affaires de Rome réclamaient sa présence, il lui répondit en ces termes : « Vous êtes d'avis et vous désirez maintenant que je m'empresse de revenir, alors que vous devriez bien plutôt me conseiller et me souhaiter de revenir digne de Néron. » Pendant qu'il chantait, il n'était pas permis de sortir du théâtre, même en cas de nécessité. Aussi, paraît-il, des femmes accouchèrent pendant le spectacle et nombre de personnes, lasses d'écouter et d'applaudir, mais sachant les portes des villes fermées, sautèrent furtivement par-dessus les remparts ou se firent emporter en feignant d'être mortes. Par ailleurs, lorsqu'il concourait, il montrait tant d'émo-

---

60. En l'absence de Néron, Helius gérait ses affaires à Rome .

aduersariorum aemulatione, quo metu iudicum, uix
credi potest. Aduersarios, quasi plane condicionis
eiusdem, obseruare, captare, infamare secreto, nonnumquam ex occursu maledictis incessere ac, si qui
arte praecellerent, conrumpere etiam solebat. Iudices
autem prius quam inciperet reuerentissime adloque-
batur, « omnia se facienda fecisse, sed euentum in
manu esse Fortunae ; illos ut sapientis et doctos uiros
fortuita debere excludere ; » atque, ut auderet hortan-
tibus, aequiore animo recedebat, ac ne sic quidem sine
sollicitudine, taciturnitatem pudoremque quorundam
pro tristitia et malignitate arguens suspectosque sibi
dicens.

XXIV. In certando uero ita legi oboediebat, ut
numquam excreare ausus sudorem quoque frontis
brachio detergeret ; atque etiam in tragico quodam actu,
cum elapsum baculum cito resumpsisset, pauidus et
metuens ne ob delictum certamine summoueretur, non
aliter confirmatus est quam adiurante hypocrita non
animaduersum id inter exultationes succlamationesque
populi. Victorem autem se ipse pronuntiabat ; qua de
causa et praeconio ubique contendit. Ac ne cuius
alterius hieronicarum memoria aut uestigium extaret
usquam, subuerti et unco trahi abicique in latrinas
omnium statuas et imagines imperauit. Aurigauit

tion et d'anxiété, tant de jalousie à l'égard de ses adversaires, tant de crainte vis-à-vis des juges, que la chose
est à peine croyable. Se conduisant envers ses adversaires comme s'ils eussent été en tout point ses égaux, il
les épiait, leur tendait des pièges, les décriait secrètement, quelquefois les accablait d'injures quand il les
rencontrait, cherchait même à les corrompre, s'ils
avaient un talent supérieur au sien. Quant aux juges,
avant de commencer, il leur disait très humblement :
« qu'il avait fait tout son possible, mais que le succès
était entre les mains de la Fortune ; que dans leur sages-
se et dans leur compétence ils devaient faire abstraction
de ce qui tient au hasard » ; les juges l'invitant alors à
prendre confiance, il s'en allait plus tranquille, mais non
sans garder quelque inquiétude, attribuant le silence et la
réserve de certains d'entre eux à des dispositions
chagrines et malveillantes et déclarant qu'ils lui étaient
suspects.

XXIV. Dans le concours, il se conformait à tel point
au règlement qu'il n'osa jamais cracher et qu'il essuyait
même avec son bras la sueur de son front ; bien plus,
comme il avait, au cours d'une scène tragique, laissé
échapper son sceptre qu'il s'empressa de ressaisir, pris
de peur et craignant que cette faute ne le fît exclure du
concours, il ne se remit qu'en entendant son pantomime
lui jurer que la chose était passée inaperçue au milieu de
l'enthousiasme et des acclamations du peuple. C'était
lui-même qui se proclamait vainqueur ; aussi concourut-
il également partout comme héraut. Et, pour qu'il ne
subsistât nulle part ni souvenir ni trace des anciens vainqueurs des jeux sacrés, il ordonna d'abattre, de traîner
avec un croc et de jeter aux latrines toutes leurs statues
et leurs portraits. Il conduisit aussi des chars dans plusieurs concours, et même parut aux jeux Olympiques

quoque plurifariam, Olympiis uero etiam decemiu-
gem, quamuis id ipsum in rege Mithradate carmine
quodam suo reprehendisset ; sed excussus curru ac
rursus repositus, cum perdurare non posset, destitit
ante decursum ; neque eo setius coronatus est. Dece-
dens deinde prouinciam uniuersam libertate donauit
simulque iudices ciuitate Romana et pecunia grandi.
Quae beneficia e medio stadio Isthmiorum die sua ipse
uoce pronuntiauit.

XXV. | Reuersus e Graecia Neapolim, quod in ea
primum artem protulerat, albis equis introiit disiecta
parte muri, ut mos hieronicarum est ; simili modo
Antium, inde Albanum, inde Romam ; sed et Romam
eo curru, quo Augustus olim triumphauerat, et in
ueste purpurea distinctaque stellis aureis chlamyde
coronamque capite gerens Olympiacam, dextra manu
Pythiam, praeeunte pompa ceterarum cum titulis,
ubi et quos quo cantionum quoque fabularum argumento
uicisset, sequentibus currum ouantium ritu plausoribus,
« Augustianos militesque se triumphi eius » clamitan-
tibus. Dehinc diruto circi maximi arcu per Velabrum
forumque Palatium et Apollinem petit. Incedenti
passim uictimae caesae sparso per uias identidem croco
ingestaeque aues ac lemnisci et bellaria. Sacras coronas
in cubiculis circum lectos posuit, item statuas suas

61. Jeux célébrés à l'Isthme de Corinthe en l'honneur de Poséidon.
C'est là qu'en 196 av. J.-C. Flaminius avait proclamé la libération de la
Grèce du joug macédonien.
62. Les jeux Pythiques se déroulaient tous les quatre ans à Delphes.
63. Mélange des coutumes grecques concernant les vainqueurs aux
jeux et des coutumes romaines du triomphe militaire.

avec un attelage de dix chevaux, quoique, dans l'un de
ses poèmes, il eût blâmé le roi Mithridate précisément
pour ce fait ; il fut d'ailleurs précipité de son char ; on
l'y replaça, mais, ne pouvant tenir jusqu'au bout, il dut
s'arrêter avant la fin de la course, ce qui ne l'empêcha
point d'être couronné. Ensuite, en quittant la Grèce, il
accorda la liberté à toute la province, et à ses juges, le
droit de cité romaine, plus des sommes considérables.
C'est lui-même qui proclama ces récompenses, au
milieu du stade, le jour des jeux Isthmiques [61].

XXV. Revenu de Grèce à Naples, comme c'était
dans cette ville qu'il avait pour la première fois produit
ses talents, il y fit son entrée sur un char attelé de chevaux blancs, par une brèche ouverte dans la muraille,
comme c'est l'usage pour les vainqueurs des jeux
sacrés ; il entra de même à Antium, puis dans sa propriété d'Albe, ensuite à Rome ; mais, en outre, à Rome,
il était sur le char qui avait servi autrefois pour le
triomphe d'Auguste, vêtu de pourpre, avec une
chlamyde parsemée d'étoiles d'or, la couronne olym-
pique sur la tête, et la couronne pythique [62] à la main
droite, précédé d'un cortège portant ses autres couronnes, avec des pancartes qui mentionnaient en quel
lieu, de quels concurrents, pour quel chant ou pour quelle pièce il avait triomphé ; son char était suivi, comme
pour les ovations, de ses applaudisseurs, qui ne cessaient
de crier : « Nous sommes les Augustiens et les soldats de
son triomphe [63]. » Il passa par le grand cirque, dont on
avait démoli une arcade, traversa le Vélabre, puis le
forum, et se rendit au temple d'Apollon, sur le mont
Palatin [64]. Partout, sur son passage, on immolait des victimes, on répandait à chaque instant du safran dans les
rues, on lui offrait des oiseaux, des rubans et des frian-
dises. Il disposa autour des lits, dans les chambres de son

---

64. L'itinéraire ne pouvant aboutir au temple de Jupiter Capitolin, but
des cortèges triomphaux romains, il débouche au temple d'Apollon.

citharoedico habitu, qua nota etiam nummum percussit. Ac post haec tantum afuit a remittendo laxan-
doque studio, ut conseruandae uocis gratia neque
milites umquam, nisi absens aut alio uerba pronuntiante, appellaret neque quicquam serio iocoue egerit,
nisi astante phonasco, qui moneret « parceret arteriis
ac sudarium ad os applicaret » ; multisque uel amicitiam suam optulerit uel simultatem indixerit, prout
quisque se magis parciusue laudasset.

XXVI. | Petulantiam, libidinem, luxuriam, auari-
tiam, crudelitatem sensim quidem primo et occulte
et uelut iuuenili errore exercuit, sed ut tunc quoque
dubium nemini foret naturae illa uitia, non aetatis
esse. Post crepusculum statim adrepto pilleo uel
galero popinas inibat circumque uicos uagabatur ludi-
bundus nec sine pernicie tamen, siquidem redeuntis
a cena uerberare ac repugnantes uulnerare cloacisque
demergere assuerat, tabernas etiam effringere et expi-
lare ; quintana domi constituta, ubi partae et ad lici-
tationem diuidendae praedae pretium absumeretur.
Ac saepe in eius modi rixis oculorum et uitae periculum adiit, a quodam laticlauio, cuius uxorem adtrec-
tauerat, prope ad necem caesus. Quare numquam postea publico se illud horae sine tribunis commisit pro-
cul et occulte subsequentibus. Interdiu quoque clam

palais, ses couronnes sacrées, ainsi que des statues qui le représentaient en costume de citharède, et fit même frapper une monnaie à cette effigie. Depuis lors, il fut si loin d'abandonner cet art ou même de le négliger, que, pour conserver sa voix, il n'adressa plus de harangue à ses soldats, sinon sans paraître lui-même, ou par la bouche d'un autre, et, d'autre part, ne traita jamais aucune affaire, plaisante ou sérieuse, sans avoir à côté de lui son maître de déclamation qui l'avertissait « d'épargner ses bronches et de tenir un mouchoir devant sa bouche » ; qu'enfin bien des personnes gagnèrent son amitié ou s'attirèrent sa haine, parce qu'elles lui avaient prodigué ou ménagé leurs louanges.

XXVI. Son libertinage, sa lubricité, sa profusion, sa cupidité et sa cruauté se manifestèrent d'abord graduellement et d'une façon clandestine, comme dans l'égarement de la jeunesse, et pourtant, même alors, personne ne put douter que ces vices n'appartinssent à son caractère plutôt qu'à son âge. Après la tombée de la nuit, ayant saisi un bonnet ou une casquette, il pénétrait dans les cabarets, vagabondait dans les divers quartiers, faisant des folies, qui d'ailleurs n'étaient pas inoffensives, car elles consistaient d'ordinaire à frapper les gens qui revenaient d'un dîner, à les blesser, à les jeter dans les égouts, s'ils résistaient, et même à briser les portes des boutiques et à les piller ; il avait installé dans son palais une cantine, où l'on dépensait l'argent de ce butin, qu'il dispersait aux enchères. Souvent, dans des rixes de ce genre, il risqua de perdre les yeux ou même la vie, et un (chevalier) de l'ordre sénatorial, dont il avait caressé la femme, faillit le tuer en le rouant de coups. Aussi, depuis cette aventure, il ne se hasarda plus en ville à pareille heure, sans être discrètement suivi de loin par des tri-

gestatoria sella delatus in theatrum seditionibus pantomimorum e parte proscaeni superiore signifer simul
ac spectator aderat; et cum ad manus uentum esset
lapidibusque et subselliorum fragminibus decerne-
retur, multa et ipse iecit in populum atque etiam prae-
toris caput consauciauit.

XXVII. Paulatim uero inualescentibus uitiis iocularia et latebras omisit nullaque dissimulandi cura ad
maiora palam erupit. | Epulas a medio die ad mediam
noctem protrahebat, refotus saepius calidis piscinis
ac tempore aestiuo niuatis; cenitabatque nonnumquam et in publico, naumachia praeclusa uel Martio
campo uel circo maximo, inter scortorum totius urbis
et ambubaiarum ministeria. Quotiens Ostiam Tiberi
deflueret aut Baianum sinum praeternauigaret, dis-
positae per litora et ripas deuersoriae tabernae para-
bantur insignes ganea et matronarum institorio copas
imitantium atque hinc inde hortantium ut appelleret.
Indicebat et familiaribus cenas, quorum uni mitel-
lita quadragies sestertium constitit, alteri pluris aliquanto rosaria.

XXVIII. | Super ingenuorum paedagogia et nupta-

buns. De même, pendant le jour, il se rendait secrètement au théâtre en chaise à porteurs et, du sommet de l'avant-scène, il assistait aux disputes qui s'élevaient autour des pantomimes, et même en donnait le signal ; un jour qu'on en était venu aux mains et qu'on se battait à coups de pierres et de banquettes brisées, il jeta lui aussi force projectiles sur le public et blessa même grièvement un préteur à la tête.

XXVII. Mais peu à peu, à mesure que ses vices grandissaient, il renonça aux fredaines et au mystère, et, sans plus prendre soin de dissimuler, se jeta ouvertement dans de plus grands excès. Il faisait durer ses festins de midi à minuit et bien des fois prenait entre-temps des bains chauds ou, pendant la saison d'été, rafraîchis avec de la neige ; il lui arrivait aussi de dîner en public, soit dans la naumachie, préalablement fermée, soit au Champ de Mars ou dans le grand cirque, en se faisant servir par toutes les courtisanes et joueuses de flûte de Rome. Chaque fois qu'il descendait le Tibre pour se rendre à Ostie, ou qu'il longeait en bateau le golfe de Baïes [65], on installait de loin en loin sur la côte ou sur les rives des auberges où l'on pouvait voir des matrones, prêtes à la débauche et transformées en hôtesses, imiter les cabaretières et, d'ici et de là, l'exhorter à aborder. Il s'invitait aussi à dîner chez ses amis : l'un d'entre eux dépensa ainsi quatre millions de sesterces pour un festin avec diadèmes et un autre encore davantage pour un banquet avec roses.

XXVIII. Outre ses débauches avec des jeunes gens

---

65. Baïes : petite cité maritime sur la baie de Naples où, depuis longtemps, les riches Romains avaient des domaines en bord de mer.

rum concubinatus Vestali uirgini Rubriae uim intulit.
Acten libertam paulum afuit quin iusto sibi matrimonio coniungeret, summissis consularibus uiris qui regio
genere ortam peierarent. Puerum Sporum exectis
testibus etiam in muliebrem naturam transfigurare
conatus cum dote et flammeo per sollemni*a* nuptiarum
celeberrimo officio deductum ad se pro uxore habuit ;
extatque cuiusdam non inscitus iocus « bene agi potuisse
cum rebus humanis, si Domitius pater talem habuisset
uxorem. » Hunc Sporum, Augustarum ornamentis
excultum lecticaque uectum, et circa conuentus mer-
catusque Graeciae ac mox Romae circa Sigillaria comi-
tatus est identidem exosculans. Nam matris concubi-
tum appetisse et ab obtrectatoribus eius, ne ferox atque
impotens mulier et hoc genere gratiae praeualeret,
deterritum nemo dubitauit, utique postquam mere-
tricem, quam fama erat Agrippinae simillimam, inter
concubinas recepit. Olim etiam quotiens lectica cum
matre ueheretur, libidinatum inceste ac maculis uestis
proditum affirmant.

XXIX. | Suam quidem pudicitiam usque adeo pro-
stituit, ut contaminatis paene omnibus membris nouis-

de son corps, il imagina enfin cette nouvelle sorte de jeu ; vêtu d'une peau de fauve, il s'élançait d'une cage, se précipitait sur les parties sexuelles d'hommes et de femmes liés à un poteau, puis, après avoir assouvi sa lubricité, se livrait, pour finir, à son affranchi Doryphore ; il se fit même épouser par cet affranchi, comme il avait épousé Sporus, allant jusqu'à imiter les cris et les gémissements des vierges auxquelles on fait violence. Je tiens de plusieurs personnes qu'il était absolument persuadé « que nul homme ne respectait la pudeur et ne conservait pure aucune partie de son corps, mais que la plupart dissimulaient ce vice et le cachaient avec adresse », ce qui lui faisait tout pardonner aux gens qui lui avouaient leur obscénité.

XXX. Pour ce qui est des richesses et de l'argent, il estimait que la seule façon d'en jouir était de les gaspiller, considérant « comme des avares sordides les gens qui tiennent registre de leurs dépenses, comme fastueux et vraiment magnifiques ceux qui abusent de leur fortune et la dilapident ». S'il admirait et célébrait son oncle Gaius Caligula, c'était avant tout parce qu'il avait en peu de temps gaspillé les richesses immenses laissées par Tibère. Aussi ne garda-t-il aucune mesure dans ses libéralités ni dans ses dépenses. Pour recevoir Tiridate – la chose peut sembler à peine croyable –, il prit dans le trésor huit cent mille sesterces par jour, et lors de son départ il lui en donna plus de cent millions. Le citharède Ménécrate et le mirmillon Spiculus reçurent de lui des patrimoines et des maisons de triomphateurs. Après avoir enrichi l'usurier Paneros Cercopithecus de

rusticisque praediis locupletatum prope regio extulit funere. Nullam uestem bis induit. Quadringenis in punctum sestertiis aleam lusit. Piscatus est rete aurato et purpura coccoque funibus nexis. Numquam minus mille carrucis fecisse iter traditur, soleis mularum argenteis, canusinatis mulionibus, armillata falerataque Mazacum turba atque cursorum.

XXXI. | Non in alia re tamen damnosior quam in aedificando, domum a Palatio Esquilias usque fecit, quam primo « transitoriam », mox incendio absumptam restitutamque « auream » nominauit. De cuius spatio atque cultu suffecerit haec rettulisse. Vestibulum eius fuit, in quo colossus CXX pedum staret ipsius effigie ; tanta laxitas, ut porticus triplices miliarias haberet ; item stagnum maris instar, circumsaeptum aedificiis ad urbium speciem ; rura insuper aruis atque uinetis et pascuis siluisque uaria, cum multitudine omnis generis pecudum ac ferarum. In ceteris partibus cuncta auro lita, distincta gemmis unionumque conchis erant ; cenationes laqueatae tabulis eburneis uersatilibus, ut flores, fistulatis, ut unguenta desuper spargerentur ; praecipua cenationum rotunda,

---

67. Canusium est une ville d'Apulie renommée pour ses moutons et pour la finesse de sa laine. Les Mazyces sont des cavaliers numides ; avec les coureurs, ils ouvrent la route au cortège princier. Tous portent livrée rutilante.
68. Le premier palais de Néron (la *domus transitoria*) était construit

domaines situés en ville et à la campagne, il lui fit des
funérailles presque royales. Il ne porta jamais deux fois
le même vêtement. Il joua aux dés quatre cent mille sesterces par point. Il pêcha avec un filet doré, retenu par
des cordes tressées de pourpre et d'écarlate. On rappor-
te que jamais il ne voyagea sans emmener au moins
mille voitures, avec des mules ferrées d'argent, des
muletiers vêtus de laine de Canusium, ainsi qu'une multitude de Mazyces [67] et de coureurs couverts de décora-
tions et de bracelets.

XXXI. Mais ce fut surtout en constructions qu'il gas-
pilla l'argent : il se fit bâtir une maison s'étendant du
Palatin à l'Esquilin [68] et l'appela d'abord « le Passage »,
puis, un incendie l'ayant détruite, il la reconstruisit sous
le nom de « Maison dorée. » Pour faire connaître son
étendue et sa splendeur, il suffira de dire ce qui suit.
Dans son vestibule on avait pu dresser une statue colossale de Néron, haute de cent vingt pieds [69] ; la demeure
était si vaste qu'elle renfermait des portiques à trois
rangs de colonnes, longs de mille pas, une pièce d'eau
semblable à une mer, entourée de maisons formant
comme des villes, et par surcroît une étendue de campagne, où se voyaient à la fois des cultures, des
vignobles, des pâturages et des forêts, contenant une
multitude d'animaux domestiques et sauvages de tout
genre ; dans le reste de l'édifice, tout était couvert de
dorures, rehaussé de pierres précieuses et de coquillages
à perles ; le plafond des salles à manger était fait de
tablettes d'ivoire mobiles et percées de trous, afin que
l'on pût répandre d'en haut sur les convives soit des
fleurs soit des parfums ; la principale était ronde et tour-

entre le palais d'Auguste, sur le Palatin, et l'Esquilin où se trouvaient
les jardins de Mécène.
69. La statue colossale de Néron a donné son nom à l'amphithéâtre flavien construit plus tard à côté de son emplacement.

quae perpetuo diebus ac noctibus uice mundi circum-
ageretur; balineae marinis et Albulis fluentes aquis.
Eius modi domum cum absolutam dedicaret, hactenus comprobauit, ut se diceret « quasi hominem tan-
dem habitare coepisse. » | Praeterea incohabat pis-
cinam a Miseno ad Auernum lacum contectam por-
ticibusque conclusam, quo quidquid totis Bais calida-
rum aquarum esset conuerteretur; fossam ab Auerno
Ostiam usque, ut nauibus nec tamen mari iretur, lon-
gitudinis per centum sexaginta milia, latitudinis, qua
contrariae quinqueremes commearent. Quorum operum perficiendorum gratia quod ubique esset custo-
diae in Italiam deportari, etiam scelere conuictos non
nisi ad opus damnari praeceperat. | Ad hunc impen-
diorum furorem, super fiduciam imperii, etiam spe
quadam repentina immensarum et reconditarum opum
impulsus est ex indicio equitis R. pro comperto pollicentis thesauros antiquissimae gazae, quos Dido regina
fugiens Tyro secum extulisset, esse in Africa uastis-
simis specubus abditos ac posse erui paruula molien-
tium opera.

XXXII. Verum ut spes fefellit, destitutus atque
ita iam exhaustus et egens ut stipendia quoque militum et commoda ueteranorum protrahi ac differri
necesse esset, calumniis rapinisque intendit animum.
| Ante omnia instituit, ut e libertorum defunctorum

---

70. Sources d'eau sulfureuse près du Tibre (actuellement Bagni).
71. Didon, chassée de Tyr par son frère Pygmalion, fonda Carthage où
elle tenta vainement de retenir Énée et ses compagnons.

nait continuellement sur elle-même, le jour et la nuit,
comme le monde ; dans les salles de bains coulaient les
eaux de la mer et celles d'Albula [70]. Lorsqu'un tel palais
fut achevé et que Néron l'inaugura, tout son éloge se
réduisit à ces mots : « Je vais enfin commencer à être
logé comme un homme. » Il entreprenait aussi la
construction d'une piscine s'étendant de Misène au lac
Averne, entièrement couverte et entourée de portiques,
dans laquelle devaient être amenées toutes les eaux ther-
males de Baïes; le percement d'un canal depuis l'Averne
jusqu'à Ostie, permettant de se rendre dans cette ville en
bateau, sans naviguer sur mer : sa longueur devait être de
cent soixante milles, sa largeur, telle que deux galères
à cinq rangs de rames pussent y naviguer en sens
contraire. Pour venir à bout de pareils ouvrages, il avait
prescrit de transporter en Italie tous les détenus de l'empire et de ne condamner qu'aux travaux forcés, même
pour des crimes manifestes. Ce qui l'entraîna à cette
folie de dépenses, ce fut, outre sa confiance dans les ressources de l'empire, l'espérance soudaine de découvrir
d'immenses richesses cachées, d'après les indications
d'un chevalier romain qui lui garantissait que les
richesses de l'antique trésor emporté par la reine
Didon [71], lorsqu'elle s'enfuit de Tyr, se trouvaient en
Afrique, enfouies dans de très vastes cavernes, et qu'on
pourrait les en extraire au prix d'un effort minime.

XXXII. Mais ensuite, découragé par la ruine de ces
espérances, et se voyant déjà si épuisé, si appauvri qu'il
fut dans l'obligation de faire attendre et de différer
même la paie des soldats et le règlement des pensions
dues aux vétérans [72], il appliqua son esprit à la chicane
et à la rapine. Avant tout, il établit qu'il lui reviendrait
non pas la moitié, mais les cinq sixièmes des biens lais-

---

72. Le légionnaire touche une solde *(stipendium)*, le vétéran une pen-
sion *(commoda)*.

bonis pro semisse dextans ei cogeretur, qui sine proba-
bili causa eo nomine essent, quo fuissent ullae familiae
quas ipse contingeret ; deinde, ut ingratorum in principem testamenta ad fiscum pertinerent, ac ne impune
esset studiosis iuris, qui scripsissent uel dictassent ea ;
tunc ut lege maiestatis facta dictaque omnia, quibus
modo delator non deesset, tenerentur. Reuocauit et
praemia coronarum, quae umquam sibi ciuitates in
certaminibus detulissent. Et cum interdixisset usum
amethystini ac Tyrii coloris summisissetque qui nundinarum die pauculas uncias uenderet, praeclusit
cunctos negotiatores. Quin etiam inter canendum
animaduersam matronam in spectaculis uetita purpura cultam demonstrasse procuratoribus suis dicitur
detractamque ilico non ueste modo sed et bonis exuit.
Nulli delegauit officium ut non adiceret : « Scis quid
mihi opus sit », et : « Hoc agamus, ne quis quicquam
habeat. » Vltimo templis compluribus dona detraxit
simulacraque ex auro uel argento fabricata conflauit,
in iis Penatium deorum, quae mox Galba restituit.

XXXIII. | Parricidia et caedes a Claudio exorsus
est ; cuius necis etsi non auctor, at conscius fuit, neque
dissimulanter, ut qui boletos, in quo cibi genere uene-

---

73. Façon d'inciter les testateurs à mentionner l'empereur parmi les héritiers.
74. Les primes qui avaient été versées aux différentes villes en retour des couronnes qu'elles lui avaient décernées.

sés en héritage par tous les affranchis qui portaient, sans raison valable, le nom de l'une des familles auxquelles il était apparenté ; ensuite, que la succession des personnes ayant, à leur mort, fait preuve d'ingratitude envers l'empereur, serait acquise au fisc [73], et qu'on ne laisserait pas impunis les gens de loi ayant écrit ou dicté ces testaments ; enfin, que la loi de lèse-majesté serait applicable à toute action ou parole simplement dénoncée par un délateur. Il se fit même rembourser le prix de toutes les couronnes que des cités lui avaient décernées dans des concours, à n'importe quelle date [74]. Ayant interdit l'usage des teintures violette et pourpre, il chargea l'un de ses agents d'en vendre quelques onces un jour de foire, et là-dessus enferma tous les marchands [75]. Bien plus, un jour qu'il chantait, avisant parmi les spectateurs une matrone vêtue de cette pourpre interdite, il la signala, dit-on, aux intendants du fisc et la fit aussitôt dépouiller non seulement de sa robe, mais encore de ses biens. Jamais il ne confia une charge à personne sans ajouter : « Vous savez ce dont j'ai besoin », et « Arrangeons-nous pour qu'il ne reste rien à qui que ce soit. » En dernier lieu, il dépouilla une foule de temples des dons (qu'ils avaient reçus), et fit fondre les statues d'or ou d'argent, entre autres celles des dieux Pénates, qui plus tard furent rétablies par Galba.

XXXIII. Ses parricides et ses meurtres commencèrent par l'assassinat de Claude, car s'il ne fut pas l'auteur de ce crime, il en fut du moins le complice, et, loin de s'en cacher, à partir de ce moment il prit l'habitude de

---

75. C'est-à-dire qu'il fit boucler le champ de foire et fit confisquer les espèces et les marchandises de tous les marchands ainsi compromis.

num is acceperat, quasi deorum cibum posthac prouer-
bio Graeco conlaudare sit solitus. Certe omnibus rerum
uerborumque contumeliis mortuum insectatus est,
modo stultitiae modo saeuitiae arguens; nam et
« morari » eum desisse inter homines producta prima
syllaba iocabatur multaque decreta et constituta, ut
insipientis atque deliri, pro irritis habuit ; denique bus-
tum eius consaepiri nisi humili leuique maceria neglexit.

| Britannicum non minus aemulatione uocis, quae illi
iucundior suppetebat, quam metu ne quandoque apud
hominum gratiam paterna memoria praeualeret, ueneno
adgressus est. Quod acceptum a quadam Lucusta,
uenen*orum* *u*ariorum indice, cum opinione tardius
cederet uentre modo Britannici moto, accersitam
mulierem sua manu uerberauit arguens pro ueneno
remedium dedisse ; excusantique minus datum ad
occultandam facinoris inuidiam : « Sane », inquit,
« legem Iuliam timeo », coegitque se coram in cubiculo
quam posset uelocissimum ac praesentaneum coquere.
Deinde in haedo expertus, postquam is quinque horas
protraxit, iterum ac saepius recoctum porcello obiecit ;
quo statim exanimato inferri in triclinium darique
cenanti secum Britannico imperauit. Et cum ille ad

citer un proverbe grec célébrant comme un mets divin les cèpes, dont on s'était servi pour empoisonner cet empereur. En tout cas, il prodigua toutes sortes d'outrages à sa mémoire, soit en paroles, soit en actions, lui reprochant tour à tour sa sottise et sa cruauté ; il disait, par exemple, qu'il avait cessé de « séjourner » parmi les hommes, en jouant sur le mot *morari*, dont il allongeait la première syllabe ; il annula, sous prétexte de folie et d'extravagance, un grand nombre de ses décrets ou règlements ; enfin, la seule clôture dont il entoura son tombeau fut un petit mur sans épaisseur. Jaloux de Britannicus, qui avait une voix plus agréable que la sienne, et craignant d'autre part qu'il ne le supplantât un jour dans la faveur du peuple, grâce au souvenir de son père, il le fit empoisonner. Le poison fut donné par une certaine Locuste, qui en avait découvert de toutes sortes, mais, comme il agissait plus lentement qu'il ne l'attendait, provoquant chez Britannicus une simple diarrhée, il fit venir cette femme et la frappa de ses propres mains, en lui reprochant de lui avoir donné une médecine au lieu d'un poison ; comme Locuste alléguait qu'elle lui en avait remis une trop faible dose pour dissimuler un crime si odieux, il dit : « Bien sûr, j'ai peur de la loi Julia [76] ! » et il la contraignit à faire cuire sous ses yeux, dans sa chambre, un poison aussi prompt que possible et même foudroyant. Ensuite, il l'essaya sur un chevreau, mais, comme cet animal avait encore vécu cinq heures, il le fit recuire plusieurs fois et présenter à un jeune porc ; celui-ci étant mort sur-le-champ, il ordonna de porter le poison dans la salle à manger et de le faire boire à Britannicus qui dînait avec lui. Britannicus étant tombé aussitôt après l'avoir goûté, Néron dit aux convives que

---

76. La loi Julia sur les meurtriers et les empoisonneurs *(de sicariis et veneficiis)* promulguée par César.

primum gustum concidisset, comitiali morbo ex consuetudine correptum apud conuiuas ementitus postero
die raptim inter maximos imbres tralaticio extulit
funere. Lucustae pro nauata opera impunitatem prae-
diaque ampla, sed et discipulos dedit.

XXXIV. | Matrem facta dictaque sua exquiren-
tem acerbius et corrigentem hactenus primo graua-
batur, ut inuidia identidem oneraret quasi cessurus
imperio Rhodumque abiturus, mox et honore omni
et potestate priuauit abductaque militum et Germanorum statione contubernio quoque ac Palatio expulit ; neque in diuexanda quicquam pensi habuit, summissis qui et Romae morantem litibus et in secessu
quiescentem per conuicia et iocos terra marique prae-
teruehentes inquietarent. Verum minis eius ac uiolen-
tia territus perdere statuit ; et cum ter ueneno temp-
tasset sentiretque antidotis praemunitam, lacunaria,
quae noctu super dormientem laxata machina deci-
derent, parauit. Hoc consilio per conscios parum celato,
solutilem nauem, cuius uel naufragio, uel camarae
ruina periret, commentus est atque ita reconciliatione
simulata iucundissimis litteris Baias euocauit ad sollemnia Quinquatruum simul celebranda ; datoque
negotio trierarchis, liburnicam qua aduecta erat uelut

---

77. Au Mausolée d'Auguste.
78. Néron avait donné à Agrippine, par surcroît d'honneur, une garde
de soldats germains, en plus de celle qui lui avait été laissée après la
mort de Claude.

c'était une de ses crises habituelles d'épilepsie ; puis, le lendemain, il le fit ensevelir à la hâte et sans pompe [77], sous une pluie torrentielle. Quant à Locuste, pour prix de ses services, il lui donna l'impunité, de vastes domaines, et même des disciples.

XXXIV. Excédé de voir sa mère exercer rigoureusement son contrôle et sa critique sur ses paroles et sur ses actes, Néron se borna d'abord à lui faire craindre, plusieurs fois, de l'accabler sous la haine publique, en feignant de vouloir abdiquer l'empire et s'en aller à Rhodes ; ensuite, il la priva de tout honneur et de tout pouvoir, lui enleva sa garde de soldats et de Germains [78], la bannit enfin de sa présence et du Palais ; désormais, ne négligeant rien pour la tourmenter, il soudoya des gens qui lui suscitaient des procès quand elle séjournait à Rome, et, si elle cherchait le repos dans la retraite, l'y poursuivaient encore de leurs railleries et de leurs injures, en passant devant sa maison par terre ou par mer. Mais, terrifié par ses menaces et par ses emportements, il résolut de la faire périr ; par trois fois il essaya de l'empoisonner, mais voyant qu'elle s'était munie d'antidotes, il fit agencer les lambris de son plafond de telle manière que le jeu d'un mécanisme devait les faire tomber sur elle pendant son sommeil. Ses complices ayant mal gardé le secret, il imagina un bateau pouvant se disloquer, pour l'y faire périr soit par naufrage, soit écrasée sous la chute du pont ; ensuite, feignant une réconciliation, il l'invita par une lettre des plus affectueuses à venir célébrer avec lui à Baïes les fêtes de Minerve [79] ; là, ayant donné aux commandants des navires mission de briser comme par un abordage fortuit la galère libur-

79. Fête des Quinquatries qui se célébraient à partir du 19 mars et duraient cinq jours.

fortuito concursu confringerent, protraxit conuiuium
repetentique Baulos in locum corrupti nauigii machi-
nosum illud optulit, hilare prosecutus atque in digressu
papillas quoque exosculatus. Reliquum temporis cum
magna trepidatione uigilauit opperiens coeptorum
exitum. Sed ut diuersa omnia nandoque euasisse eam
comperit, inops consilii L. Agermum libertum eius
saluam et incolumem cum gaudio nuntiantem, abiecto
clam iuxta pugione, ut percussorem sibi subornatum
arripi constringique iussit, matrem occidi, quasi depre-
hensum crimen uoluntaria morte uitasset. Adduntur
his atrociora nec incertis auctoribus : ad uisendum
interfectae cadauer accurrisse, contrectasse membra,
alia uituperasse, alia laudasse, sitique interim oborta
bibisse. Neque tamen conscientiam sceleris, quanquam
et militum et senatus populique gratulationibus con-
firmaretur, aut statim aut umquam postea ferre potuit,
saepe confessus exagitari se materna specie uerberi-
busque Furiarum ac taedis ardentibus. Quin et facto
per Magos saero euocare Manes et exorare temptauit.
Peregrinatione quidem Graeciae et Eleusinis sacris,
quorum initiatione impii et scelerati uoce praeconis
summouentur, interesse non ausus est. | Iunxit par-
ricidio matris amitae necem. Quam cum ex duritie

nienne qui l'avait amenée, il prolongea le festin, puis, pour son retour à Baules, il lui offrit le navire truqué à la place du sien, mis hors d'usage, la reconduisit gaiement, et même lui baisa la poitrine au moment de la quitter. Il passa le reste de la nuit à veiller dans une grande agitation, en attendant l'issue de l'entreprise ; mais, lorsqu'il sut que tout avait tourné autrement et qu'Agrippine s'était sauvée à la nage, ne sachant que résoudre, comme L. Agermus, un affranchi de sa mère, venait plein de joie lui annoncer qu'elle était saine et sauve, il jeta en cachette un poignard près de lui et, sous prétexte qu'il avait été envoyé par Agrippine pour l'assassiner, donna l'ordre de le saisir, de l'enchaîner et de mettre à mort sa mère, qui passerait pour s'être suicidée parce que son crime était découvert. On ajoute, et non sans garanties, certains détails plus atroces : il serait accouru pour examiner le cadavre de sa mère, aurait palpé ses membres, critiqué ceci, vanté cela, et, entre-temps, pris de soif, se serait mis à boire. Toutefois, bien que réconforté par les félicitations des soldats, du sénat et du peuple, il ne put jamais, ni sur le moment ni plus tard, étouffer ses remords, et souvent il avoua qu'il était poursuivi par le fantôme de sa mère, par les fouets et les torches ardentes des Furies [80]. Il essaya même, en recourant aux incantations des mages, d'évoquer et de fléchir les mânes d'Agrippine. Pendant son voyage en Grèce, il n'osa pas assister aux mystères d'Éleusis, parce que la voix du héraut interdit aux impies et aux criminels de s'y faire initier. Il joignit à ce parricide le meurtre de sa tante Domitia Lepida. Comme il lui rendait visite, alors

---

80. Les Furies sont des déesses qui vengent les parents injustement traités par d'autres parents, et qui poursuivent impitoyablement les auteurs de meurtres à l'intérieur de la famille.

alui cubantem uisitaret, et illa tractans lanuginem eius,
ut assolet iam grandis natu per blanditias forte dixisset :
« Simul hanc excepero, mori uolo », conuersus ad proxi-
mos « confestim se positurum » uelut irridens ait prae-
cepitque medicis ut largius purgarent aegram ; nec-
dum defunctae bona inuasit suppresso testamento,
ne quid abscederet.

XXXV. | Vxores praeter Octauiam duas postea
duxit : Poppaeam Sabinam quaestorio patre natam
et equiti R. ante nuptam, deinde Statiliam Messali-
nam Tauri bis consulis ac triumphalis abneptem. Qua
ut poteretur, uirum eius Atticum Vestinum consulem
in honore ipso trucidauit. Octauiae consuetudinem
cito aspernatus, corripientibus amicis « sufficere illi
debere » respondit « uxoria ornamenta. » Eandem mox
saepe frustra strangulare meditatus dimisit ut steri-
lem, sed improbante diuortium populo nec parcente
conuiciis, etiam relegauit, denique occidit sub crimine
adulteriorum adeo inpudenti falsoque, ut in quaes-
tione pernegantibus cunctis Anicetum paedagogum
suum indicem subiecerit, qui fingeret et dolo stupra-
tam a se fateretur. Poppaeam duodecimo die post

81. Poppée épouse de Rufrius Crispinus puis d'Othon et maîtresse de
Néron. Elle poussa Néron à éliminer sa mère Agrippine puis sa femme
Octavie pour l'épouser.

82. Statilia Messalina épousa Néron en 66. Statilius Taurus fut préfet
de la Ville sous Auguste, deux fois consul et triomphateur.

83. Vestinus était un ancien compagnon de Néron. Ce dernier, selon
Tacite, avait fini par haïr la violence hautaine et la liberté de langage
de Vestinus, il l'élimina sous le faux prétexte de complot.

qu'elle était alitée par suite d'une constipation opiniâtre, elle lui dit pour le cajoler, en caressant sa barbe naissante, par un geste familier aux vieilles gens : « Sitôt que je l'aurai reçue, je consens à mourir » ; alors Néron, se tournant vers ceux qui l'accompagnaient, déclara, comme pour plaisanter : « qu'il la ferait couper sur-le-champ », et prescrivit aux médecins de donner à la malade une purgation énergique ; sans attendre qu'elle fût morte, il s'empara de ses biens et fit disparaître son testament, pour que rien ne lui échappât.

XXXV. Il eut, après Octavie, deux autres épouses : d'abord Poppaea Sabina [81], fille d'un ancien questeur, mariée précédemment à un chevalier romain, puis Statilia Messalina [82], arrière-petite-fille de Statilius Taurus, qui fut deux fois consul et reçut le triomphe. Pour pouvoir épouser cette dernière, il fit tuer dans l'exercice même du consulat son mari, Atticus Vestinus [83]. Il se dégoûta rapidement d'Octavie et, comme ses amis le lui reprochaient, il leur répondit : « qu'elle devait se contenter des insignes du mariage [84] ». Par la suite, ayant plusieurs fois essayé, sans y réussir, de la faire étrangler, il la répudia sous prétexte de stérilité, mais, comme le peuple réprouvait ce divorce et ne lui ménageait pas ses invectives [85], il la relégua même et finalement la fit mettre à mort sous l'imputation d'adultère : l'accusation était si impudente et si calomnieuse qu'à l'instruction tous les témoins s'obstinèrent à nier et que Néron dut provoquer la dénonciation de son pédagogue Anicetus [86], qui s'accusa faussement d'avoir abusé d'elle par ruse. Onze jours après son divorce avec

---

84. Allusion aux insignes triomphaux, consulaires, prétoriens, etc., qui tenaient lieu d'un triomphe ou d'une magistrature.
85. Il y eut plusieurs manifestations à Rome et jusque dans le Palais pour demander le retour d'Octavie reléguée (Tacite, 14, 61).
86. Préfet de la flotte de Misène et complice de Néron dans le meurtre d'Agrippine.

diuortium Octauiae in matrimonium acceptam dilexit
unice ; et tamen ipsam quoque ictu calcis occidit, quod
se ex aurigatione sero reuersum grauida et aegra conuiciis incesserat. Ex hac filiam tulit Claudiam Augustam
amisitque admodum infantem. | Nullum adeo necessi-
tudinis genus est, quod non scelere perculerit. Antoniam Claudi filiam, recusantem post Poppaeae mortem nuptias suas, quasi molitricem nouarum rerum
interemit ; similiter [inter] ceteros aut affinitate aliqua
sibi aut propinquitate coniunctos ; in quibus Aulum
Plautium iuuenem, quem cum ante mortem per uim
conspurcasset : « Eat nunc », inquit, « mater mea et
successorem meum osculetur », iactans dilectum ab ea
et ad spem imperii impulsum. Priuignum Rufrium
Crispinum Poppaea natum, impuberem adhuc, quia
ferebatur ducatus et imperia ludere, mergendum mari,
dum piscaretur, seruis ipsius demandauit. Tuscum
nutricis filium relegauit, quod in procuratione Aegypti
balineis in aduentum suum extructis lauisset. Senecam praeceptorem ad necem compulit, quamuis saepe
commeatum petenti bonisque cedenti persancte iuras-
set suspectum se frustra periturumque potius quam
nociturum ei. Burro praefecto remedium ad fauces
pollicitus toxicum misit. Libertos diuites et senes, olim
adoptionis mox dominationis suae fautores atque

87. Née en janvier 63 et morte en mai de la même année
88. Fille de Claude et d'Ælia Paetina, née en 29.
89. Fils d'Aulus Plautius, qui avait vaincu les Bretons sous Claude, et
de Pomponnia Graecina. Celle-ci fut inculpée, selon Tacite, de super-
stitions étrangères mais blanchie par le tribunal familial.
90. Fils du premier mari de Poppée, Rufrius Crispinus, chevalier

Octavie, Néron épousa Poppée, qu'il chérit par-dessus tout ; néanmoins, il la tua, elle aussi, d'un coup de pied, parce que, enceinte et malade, elle l'avait accablé de reproches un soir qu'il revenait tardivement d'une course de chars. Il en eut une fille, Claudia Augusta [87], qu'il perdit encore tout enfant. Il n'est absolument aucune catégorie de parents que ses crimes aient épargnée. Comme Antonia [88], la fille de Claude, refusait de se marier avec lui après la mort de Poppée, il la fit périr sous prétexte qu'elle fomentait une révolution ; il traita de même les autres personnes qui lui étaient alliées ou apparentées à un degré quelconque ; entre autres le jeune Aulus Plautius [89] : il lui fit violence avant de l'envoyer à la mort, puis il dit : « Que ma mère vienne maintenant et qu'elle embrasse mon successeur ! », pour faire entendre qu'Agrippine le chérissait et l'avait poussé à espérer l'empire. Informé que son beau-fils Rufrius Crispinus [90], le fils de Poppée, encore enfant, se donnait dans ses jeux le rôle de général et d'empereur, il chargea ses propres esclaves de le noyer dans la mer, pendant qu'il pêchait. Il relégua Tuscus [91], son frère de lait, parce que, étant procurateur d'Égypte, il s'était baigné dans les thermes construits pour l'arrivée de l'empereur. Il contraignit son précepteur Sénèque à se suicider [92], quoiqu'il lui eût solennellement juré, quand il insistait pour obtenir son congé en lui abandonnant ses biens, que ses soupçons étaient injustifiés et qu'il mourrait plutôt que de lui faire aucun mal. À Burrus, préfet du prétoire, il promit un remède pour sa gorge et lui envoya du poison [93]. Quant à ses affranchis, riches et vieux, qui avaient préparé son adoption puis son avènement à l'empire et avaient été

qu'elle avait quitté pour épouser Othon.
91. Caecina Tuscus auquel Néron aurait songé à donner la charge de préfet du prétoire occupée par Burrus.
92. En 65.
93. Burrus mourut en 62, de maladie ou d'empoisonnement.

rectores, ueneno partim cibis partim potionibus indito
intercepit.

XXXVI. | Nec minore saeuitia foris et in exteros
grassatus est. Stella crinita, quae summis potestatibus
exitium portendere uulgo putatur, per continuas noctes
oriri coeperat. Anxius ea re, ut ex Balbillo astrologo
didicit, solere reges talia ostenta caede aliqua illustri
expiare atque a semet in capita procerum depellere,
nobilissimo cuique exitium destinauit ; enimuero multo
magis et quasi per iustam causam duabus coniura-
tionibus prouulgatis, quarum prior maiorque Piso-
niana Romae, posterior Viniciana Beneuenti conflata
atque detecta est. Coniurati e uinculis triplicium cate-
narum dixere causam, cum quidam ultro crimen
faterentur, nonnulli etiam imputarent, tamquam ◆ aliter
illi non possent nisi morte succurrere dedecorato flagi-
tiis omnibus. ◗ Damnatorum liberi urbe pulsi enectique
ueneno aut fame ; constat quosdam cum paedagogis et
capsaris uno prandio pariter necatos, alios diurnum
uictum prohibitos quaerere.

XXXVII. | Nullus posthac adhibitus dilectus aut
modus interımendi quoscumque libuisset quacumque
de causa Sed ne de pluribus referam, Saluidieno
Orfitͦ obiectum est quod tabernas tres de domo sua
circͻ forum ciuitatibus ad stationem locasset, Cassio

---

94 T. Balbillus fut préfet d'Égypte.

95. Découverte en avril 65, mais entreprise dès 62. La répression
s'abattit sur les plus grandes familles romaines, sénatoriales et
équestres, ainsi que parmi les soldats et les affranchis.

96. Gendre de Corbulon, vainqueur de la campagne d'Arménie. La
conjuration date de 66 et projetait d'assassiner Néron à Bénévent.

97. La *capsa* était une boîte permettant de transporter tablettes et poin-

ses mentors, il les fit disparaître en empoisonnant leur nourriture ou leur boisson.

XXXVI. Il se conduisit avec non moins de cruauté hors de sa maison et envers les étrangers. Une comète, astre qui, d'après la croyance populaire, annonce la ruine aux puissances souveraines, s'était montrée plusieurs nuits de suite. Néron s'effraya de cette menace et, quand l'astrologue Balbillus [94] lui eut appris que d'ordinaire les rois conjuraient de semblables présages en immolant quelque illustre victime et les détournaient loin d'eux sur la tête des grands, il décida la mort de tous les plus nobles citoyens ; ce qui, assurément, le confirma dans cette décision et la rendit en quelque sorte légitime, ce fut la divulgation de deux complots, dont le premier et le plus important, celui de Pison [95], se forma et fut découvert à Rome, le second, celui de Vinicius [96], à Bénévent. Les conjurés plaidèrent leur cause chargés de triples chaînes : certains avouèrent spontanément leur projet, quelques-uns même s'en firent un mérite, en prétendant « qu'ils ne pouvaient lui porter secours qu'en le tuant, puisqu'il s'était souillé de toutes les hontes ». Les enfants des condamnés furent chassés de Rome et on les fit mourir de faim ou par le poison ; il est notoire que certains furent empoisonnés, pendant une collation, en même temps que leurs pédagogues et les esclaves portant leurs sacs d'écoliers [97], et que d'autres furent empêchés de se procurer leur nourriture quotidienne.

XXXVII. Désormais, sans faire aucun choix, ni garder aucune mesure, il fit périr suivant ses caprices n'importe quelles personnes, sous n'importe quels prétextes. Mais, pour m'en tenir à quelques exemples, on accusa Salvidienus Orfitus d'avoir loué comme pied-à-terre aux députés des villes [98] trois boutiques faisant partie de sa

---

çons qui servaient à écrire.
98. Les députés que les villes envoyaient à Rome tenaient permanence dans des locaux voisins du forum.

Longino iuris consulto ac luminibus orbato, quod in
uetere gentili stemmate C. Cassi percussoris Caesaris
imagines retinuisset, Paeto Thraseae tristior et paeda-
gogi uultus. Mori iussis non amplius quam horarum
spatium dabat ; ac ne quid morae interueniret, medicos
admouebat qui cunctantes continuo « curarent » :
ita enim uocabatur uenas mortis gratia incidere. Creditur etiam polyphago cuidam Aegypti generis, crudam
carnem et quidquid daretur mandere assueto, concu-
pisse uiuos homines laniandos absumendosque obicere.
Elatus inflatusque tantis uelut successibus negauit
« quemquam principum scisse quid sibi liceret », mul-
tasque nec dubias significationes saepe iecit, ne reli-
quis quidem se parsurum senatoribus, eumque ordinem
sublaturum quandoque e re p. ac prouincias et exercitus equiti R. ac libertis permissurum. Certe neque
adueniens neque proficiscens quemquam osculo imper-
tiit ac ne resalutatione quidem ; et in auspicando opere
Isthmi magna frequentia clare « ut sibi ac populo R.
bene res uerteret » optauit dissimulata senatus mentione.

XXXVIII. | Sed nec populo aut moenibus patriae
pepercit. Dicente quodam in sermone communi :

---

99. Cassius Longinus, célèbre jurisconsulte, gouverneur de Syrie
en 50. Banni en 66, il sera rappelé d'exil par Vespasien.
100. Sénateur, « la vertu même », dit de lui Tacite. Son attitude d'opposition déchaîna la haine de Néron.

maison voisine du forum ; Cassius Longinus [99], jurisconsulte aveugle, d'avoir laissé subsister sur un
ancien tableau généalogique de sa famille l'image de
C. Cassius, l'un des meurtriers de César ; Paetus
Thrasea [100], de garder la mine renfrognée d'un pédagogue. Il accordait seulement un délai de quelques
heures à ceux qui recevaient l'ordre de mourir ; et, pour
prévenir tout retard, il leur envoyait des médecins chargés, en cas d'hésitation, de les « soigner » sur-le-champ :
c'était son expression pour dire de leur ouvrir les veines,
afin de provoquer la mort. On prétend même qu'il voulut donner des hommes à déchirer et à dévorer tout vifs
à certain glouton, un Égyptien habitué à manger de la
chair crue et tout ce qu'on lui présentait. Gonflé d'or-
gueil par de si brillants « succès », il déclara : « que nul
empereur n'avait su tout ce qui lui était permis », et souvent il laissa entendre, par nombre d'allusions fort
claires, qu'il n'épargnerait pas non plus le reste du sénat,
qu'un jour il ferait disparaître cet ordre de la république,
pour confier les provinces et les armées à des chevaliers
romains et à des affranchis. En tout cas, ni lorsqu'il arrivait au sénat ni lorsqu'il en partait, il ne donnait l'accolade à personne et ne répondait même pas aux saluts ; et,
avant de faire commencer les travaux de l'isthme de
Corinthe [101], il dit à haute voix, devant une foule considérable « qu'il souhaitait la réussite de l'entreprise, pour
lui et pour le peuple romain », sans faire mention du
sénat [102].

XXXVIII. Il n'épargna même pas le peuple ni les
murs de sa patrie. Quelqu'un disant, au milieu d'une
conversation générale :

---

101. Voir plus haut chapitre XIX.
102. En n'utilisant pas la formule consacrée *Senatus PopulusQue Romanus : SPQR*.

Ἐμοῦ θανόντος γαῖα μιχθήτω πυρί,

« immo », inquit, « ἐμοῦ ζῶντος », planeque ita
fecit. Nam quasi offensus deformitate ueterum aedificiorum et angustiis flexurisque uicorum, incendit
urbem tam palam, ut plerique consulares cubicularios
eius cum stuppa taedaque in praediis suis deprehensos
non attigerint, et quaedam horrea circa domum Auream,
quorum spatium maxime desiderabat, [ut] bellicis
machinis labefacta atque inflammata sint, quod saxeo
muro constructa erant. Per sex dies septemque noctes
ea clade saeuitum est, ad monumentorum bustorumque
deuersoria plebe compulsa. Tunc praeter immensum
numerum insularum domus priscorum ducum arserunt
hostilibus adhuc spoliis adornatae deorumque aedes
ab regibus ac deinde Punicis et Gallicis bellis uotae
dedicataeque, et quidquid uisendum atque memora-
bile ex antiquitate durauerat. Hoc incendium e turre
Maecenatiana prospectans laetusque « flammae »,
ut aiebat, « pulchritudine », Halosin Ilii in illo suo scaenico habitu decantauit. Ac ne non hinc quoque quantum posset praedae et manubiarum inuaderet, pollicitus cadauerum et ruderum gratuitam egestionem
nemini ad reliquias rerum suarum adire permisit ;

103. L'incendie débuta le 18 juillet 64 et dura dix jours.
104. Ces monuments jalonnent toutes les étapes de l'histoire de Rome.

Qu'après ma mort la terre disparaisse dans le feu !

« Mais non ! reprit-il, que ce soit de mon vivant ! »
et il réalisa pleinement ce souhait. En effet, sous prétexte qu'il était choqué par la laideur des anciens édifices,
par l'étroitesse et par les sinuosités des rues, il incendia
Rome ; il se cacha si peu que plusieurs consulaires,
ayant surpris dans leur propriété des esclaves de sa
chambre avec de l'étoupe et des torches, n'osèrent porter la main sur eux, et que des magasins de blé, occupant
près de la Maison dorée un terrain qu'il convoitait vivement, furent abattus par des machines de guerre, et
incendiés, parce qu'ils étaient construits en pierre de
taille. Le fléau se déchaîna pendant six jours et sept
nuits, obligeant la plèbe à chercher un gîte dans les
monuments publics et dans les tombeaux [103]. Alors, outre
un nombre infini de maisons de rapport, les flammes
dévorèrent les habitations des généraux d'autrefois,
encore parées des dépouilles ennemies, les temples des
dieux, voués et consacrés par les rois, puis lors des
guerres contre Carthage et contre les Gaulois, enfin tous
les monuments curieux et mémorables [104] qui restaient
du passé. Néron contemplait cet incendie du haut de la
tour de Mécène [105] et charmé, disait-il, « par la beauté des
flammes », il chanta la prise de Troie dans son costume
de théâtre. Et, pour ne pas manquer même cette occasion
de ramasser autant de butin et de dépouilles qu'il le pourrait, il promit de faire enlever gratuitement les cadavres
et les décombres et ne laissa personne approcher des
restes de ses biens ; puis, non content d'accepter des

105. Dans les jardins de Mécène sur l'Esquilin. « La prise de Troie »
est un poème de Néron.

conlationibusque non receptis modo uerum et efflagitatis prouincias priuatorumque census prope exhausit.

XXXIX. Accesserunt tantis ex principe malis probrisque quaedam et fortuita : pestilentia unius autumni, quo triginta funerum milia in rationem Libitinae uenerunt ; clades Britannica, qua duo praecipua oppida magna ciuium sociorumque caede direpta sunt ; ignominia ad Orientem legionibus in Armenia sub iugum missis aegreque Syria retenta. Mirum et uel praecipue notabile inter haec fuerit nihil eum patientius quam maledicta et conuicia hominum tulisse, neque in ullos leniorem quam qui se dictis aut carminibus lacessissent extitisse. Multa Graece Latineque proscripta aut uulgata sunt, sicut illa :

> Νέρων 'Ορέστης 'Αλκμέων μητροκτόνος.
> Νεόψηφον· Νέρων ἰδίαν μητέρα ἀπέκτεινε.

> Quis negat Aeneae magna de stirpe Neronem ?
> Sustulit hic matrem, sustulit ille patrem.

> Dum tendit citharam noster, dum cornua Parthus,
> Noster erit Paean, ille Hecatebeletes.

> Roma domus fiet : Veios migrate, Quirites,
> Si non et Veios occupat ista domus.

---

106. Libitina est la divinité qui préside aux funérailles. Son temple est une sorte de service public où l'on enregistre les décès et où les plus démunis peuvent trouver de quoi ensevelir leurs morts.

107. La révolte de Boudicca, de 60 à 63.

108. Défaite de Cæsenius Patus en Arménie en 62 ; en 66 débute la révolte en Judée

contributions pécuniaires, il en exigea, ce qui réduisit presque à la ruine les provinces et les particuliers.

XXXIX. À de si grands maux, à de si grandes hontes venant de l'empereur s'ajoutèrent encore certaines calamités dues au hasard : une peste qui fit inscrire en un seul automne trente mille funérailles sur les registres de Libitina [106] ; un désastre en (Grande) Bretagne, où l'ennemi pilla deux places très importantes, en massacrant une foule de citoyens et d'alliés [107] ; du côté de l'Orient, une défaite honteuse, qui obligea nos légions à passer sous le joug en Arménie et faillit nous faire perdre la Syrie [108]. Ce qui, au milieu de tout cela, peut sembler extraordinaire et particulièrement digne de remarque, c'est que Néron ne supporta rien avec plus de patience que les satires et les injures, et fit preuve d'une indulgence toute particulière à l'égard des gens qui le déchiraient en paroles ou en vers. On afficha ou l'on fit courir beaucoup d'épigrammes en grec et en latin, comme celles-ci :

> Néron, Oreste, Alcméon : matricides [109].

> Nouvel avis : Néron a tué sa propre mère.

> Qui prétend que Néron n'est pas de la race illustre d'Énée ?
> L'un a porté son père, l'autre a emporté sa mère [110].

> Notre homme accorde sa cithare, le Parthe bande son arc :
> Le premier sera Péan, l'autre Hécatébélétès [111].

> Rome deviendra sa maison : citoyens, émigrez à Véies,
> Si cette maudite maison n'englobe pas jusqu'à Véies [112].

109. Alcméon tua sa mère Ériphile sur l'ordre de son père Amphiaraos et Oreste tua Clytemnestre pour venger son père Agamemnon.
110. Double sens de *sustulit* : « a emporté », « a fait disparaître ».
111. Deux épithètes d'Apollon : *Pean* signifie « le musicien », *Hecatebeletes* signifie « celui qui lance au loin ses traits ».
112. Après l'invasion gauloise de 396 et la destruction consécutive de Rome, les Romains songèrent à abandonner la ville pour s'installer à Véies. Camille les en dissuada.

Sed neque auctores requisiit et quosdam per indicem delatos ad senatum adfici grauiore poena prohibuit. Transeuntem eum Isidorus Cynicus in publico clara uoce corripuerat, « quod Naupli mala bene cantitaret, sua bona male disponeret »; et Datus Atellanarum histrio in cantico quodam

Ὑγίαινε πάτερ, ὑγίαινε μῆτερ

ita demonstrauerat, ut bibentem natantemque faceret, exitum scilicet Claudi Agrippinaeque significans, et in nouissima clausula,

Orcus uobis ducit pedes,

senatum gestu notarat. Histrionem et philosophum Nero nihil amplius quam urbe Italiaque summouit, uel contemptu omnis infamiae uel ne fatendo dolorem irritaret ingenia.

XL. | Talem principem paulo minus quattuordecim annos perpessus terrarum orbis tandem destituit, initium facientibus Gallis duce Iulio Vindice, qui tum eam prouinciam pro praetore optinebat. | Praedictum a mathematicis Neroni olim erat fore ut quandoque destitueretur; unde illa uox eius celeberrima : « τὸ τέχνιον ἡμᾶς διαθρέψει », quo maiore scilicet uenia

113. Allusion à un épisode de la guerre de Troie, Nauplios roi d'Eubée vengeant son fils injustement tué.

Mais il ne fit point rechercher les auteurs de ces épigrammes et même, comme certains d'entre eux avaient
été dénoncés au sénat, il interdit de leur infliger une
peine trop sévère. Un jour, en le voyant passer, Isidore le
Cynique lui avait reproché publiquement, à haute voix,
« de chanter bien le mal de Nauplius et d'administrer
mal son bien [113] » ; Datus, un acteur d'atellanes, en réci-
tant ce vers d'un passage lyrique :

> À ta santé, mon père, à ta santé, ma mère !

avait tour à tour fait le geste de boire et de nager – allusion transparente à la mort de Claude et à celle
d'Agrippine –, puis, arrivé au vers final :

> L'Enfer vous tire par les pieds,

il avait du geste désigné le sénat. Or, Néron se contenta
de faire bannir l'acteur et le philosophe de Rome et
d'Italie, soit qu'il méprisât complètement l'opinion
publique, soit qu'il eût peur, en laissant voir son ressen-
timent, d'irriter encore les esprits.

XL. L'univers, après avoir supporté un pareil empereur un peu moins de quatorze ans, le déposa enfin, et ce
furent les Gaulois qui donnèrent le signal, sous la
conduite de Julius Vindex, qui gouvernait alors cette
province [114] en qualité de propréteur. Les astrologues
avaient autrefois prédit à Néron qu'il serait un jour dépo-
sé ; c'est à ce propos qu'il prononça le mot célèbre : « ce
petit métier nous fera vivre », sans doute pour s'excuser
de pratiquer l'art du citharède, divertissement pour un

---

114. Il y avait en Gaule quatre provinces : la Belgique, l'Aquitaine, la
Lyonnaise, qui étaient provinces impériales, et la Narbonnaise qui étaiṫ
province sénatoriale. Vindex commandait la Lyonnaise

meditaretur citharoedicam artem, principi sibi gra-
tam priuato necessariam. Spoponderant tamen quidam destituto Orientis dominationem, nonnulli nominatim regnum Hierosolymorum, plures omnis pris-
tinae fortunae restitutionem. Cui spei pronior, Britannia Armeniaque amissa ac rursus utraque recepta,
defunctum se fatalibus malis existimabat. Vt uero
consulto Delphis Apolline septuagensimum ac tertium
annum cauendum sibi audiuit, quasi eo demum obitu-
rus, ac nihil coniectans de aetate Galbae, tanta fiducia
non modo senectam sed etiam perpetuam singula-
remque concepit felicitatem, ut amissis naufragio
pretiosissimis rebus non dubitauerit inter suos dicere
« pisces eas sibi relaturos. » | Neapoli de motu Gallia-
rum cognouit die ipso quo matrem occiderat, adeoque
lente ac secure tulit, ut gaudentis etiam suspicionem
praeberet tamquam occasione nata spoliandarum iure
belli opulentissimarum prouinciarum ; statimque in
gymnasium progressus certantis athletas effusissimo
studio spectauit. Cenae quoque tempore interpellatus
tumultuosioribus litteris hactenus excanduit, ut malum
iis qui descissent minaretur. Denique per octo con-
tinuos dies non rescribere cuiquam, non mandare quid
aut praecipere conatus rem silentio oblitterauit.

XLI. Edictis tandem Vindicis contumeliosis et
frequentibus permotus senatum epistula in ultionem
sui reique publicae adhortatus est, excusato languore

prince, mais gagne-pain pour un simple particulier.
Pourtant, certains lui avaient promis qu'après sa déposi-
tion il serait le maître de l'Orient – du royaume de
Jérusalem, spécifiaient quelques-uns –, et plusieurs,
qu'il retrouverait toute son ancienne puissance. Comme
il penchait pour cette espérance, quand la (Grande)
Bretagne et l'Arménie eurent été perdues, puis recon-
quises l'une et l'autre, il crut en être quitte avec les malheurs fixés par le destin. Puis, lorsqu'Apollon, qu'il
avait consulté à Delphes, l'eut averti de se méfier des
« soixante-treize ans », persuadé qu'il vivrait jusqu'à ce
terme et ne songeant pas le moins du monde à l'âge de
Galba, il se mit à compter non seulement sur la vieil-
lesse, mais encore sur un bonheur constant et sans égal,
au point qu'ayant perdu dans un naufrage des objets très
précieux, il n'hésita pas à dire, au milieu de ses amis,
« que les poissons les lui rapporteraient » [115]. Ce fut à
Naples qu'il apprit le soulèvement des Gaules, précisément le jour anniversaire du meurtre de sa mère, mais il
accueillit cette nouvelle avec tant d'indifférence et de
tranquillité qu'on soupçonna même qu'il s'en réjouis-
sait, comme s'il allait avoir l'occasion de dépouiller, suivant le droit de la guerre, de si riches provinces ; se rendant aussitôt au gymnase, il suivit avec un intérêt passionné les combats d'athlètes. Et même, dérangé à table
par une lettre tout à fait inquiétante, il borna sa colère à
des menaces de mort contre les révoltés. Enfin, pendant
les huit jours suivants, il ne prit la peine ni de répondre
à aucune lettre, ni d'envoyer un ordre, ni de rien pres-
crire et fit tomber le silence sur cette affaire.

XLI. Ému enfin par les proclamations outrageantes
que multipliait Vindex, il écrivit au sénat pour l'exhorter

---

115. Allusion à l'aventure de Polycrate, tyran de Samos, qui avait jeté
en mer un anneau qu'on retrouva dans le ventre d'un poisson.

faucium, propter quem non adesset. Nihil autem aeque
doluit, quam ut malum se citharoedum increpitum ac
pro Nerone Ahenobarbum appellatum ; et nomen
quidem gentile, quod sibi per contumeliam exprobra-
retur, resumpturum se professus est deposito adop-
tiuo, cetera conuicia, ut falsa, non alio argumento
refellebat, quam quod etiam inscitia sibi tanto opere
elaboratae perfectaeque a se artis obiceretur, singulos
subinde rogitans, « nossentne quemquam praestanti-
orem. » Sed urgentibus aliis super alios nuntiis Romam
praetrepidus rediit ; leuiterque modo in itinere friuolo
auspicio mente recreata, cum adnotasset insculptum
monumento militem Gallum ab equite R. oppressum
trahi crinibus, ad eam speciem exiluit gaudio caelum-
que adorauit. Ac, ne tunc quidem aut senatu aut populo
coram appellato, quosdam e primoribus uiris domum
euocauit, transacta raptim consultatione reliquam diei
partem per organa *h*ydraulica noui et ignoti generis
circumduxit, ostendensque singula, de ratione ac diffi-
cultate cuiusque disserens, « iam se etiam prolaturum
omnia in theatrum » affirmauit, « si per Vindicem liceat. »

XLII. | Postquam deinde etiam Galbam et His-
panias desciuisse cognouit, conlapsus animoque male
facto diu sine uoce et prope intermortuus iacuit, utque
resipiit, ueste discissa, capite conuerberato, « actum

---

116. Instrument de musique qui connaissait un grand succès à Rome.
Il était utilisé dans les spectacles de théâtre ou d'amphithéâtre.

à le venger, ainsi que l'État, en alléguant un mal de gorge pour excuser son absence. Mais rien ne l'affecta plus vivement que de se voir traité de mauvais citharède, et nommé Ahenobarbus au lieu de Néron ; il déclara que ce nom de famille, dont on faisait une insulte, il allait le reprendre, en abandonnant celui de son père adoptif ; quant aux autres imputations, il lui suffisait, pour montrer leur fausseté, d'un seul argument : c'était qu'on lui reprochât même son ignorance d'un art qu'il avait cultivé avec tant de soin et porté à sa perfection ; aussi demandait-il sans cesse à chacun « s'il connaissait un plus grand artiste que lui ». Mais, comme les nouvelles pressantes se succédaient, il revint à Rome tout tremblant ; il fut seulement un peu rassuré en cours de route par un présage frivole : ayant, en effet, remarqué sur un monument un bas-relief qui représentait un soldat gaulois terrassé par un chevalier romain et traîné par les cheveux, à cette vue, il bondit de joie et rendit grâces au ciel. Même dans ces circonstances, il ne harangua pas directement le peuple ni le sénat, mais il fit venir chez lui quelques-uns des principaux citoyens et tint hâtivement conseil avec eux, puis il passa le reste de la journée à leur faire voir des orgues hydrauliques [116] d'un modèle entièrement nouveau, dont il leur montra tous les détails, leur expliquant le mécanisme de chacun et la difficulté qu'il y avait à en jouer, en les assurant « que bientôt même il présenterait tout cela au théâtre, si Vindex le lui permettait ».

XLII. Mais, lorsqu'il apprit que Galba et les Espagnes [117] faisaient défection à leur tour, il tomba évanoui et resta longtemps sans voix, à demi-mort, puis, quand il eut repris ses sens, il déchira ses vêtements, se frappa la tête avec rudesse et déclara « que c'en était fait

117. La Tarraconaise et la Lusitanie, qui étaient provinces impériales, tandis que la Bétique était province sénatoriale.

de se » pronuntiauit consolantique nutriculae et aliis quoque iam principibus similia accidisse memoranti, « se uero praeter ceteros inaudita et incognita pati » respondit, « qui summum imperium uiuus amitteret. » Nec eo setius quicquam ex consuetudine luxus atque desidiae omisit uel imminuit ; quin immo, cum prosperi quiddam ex prouinciis nuntiatum esset, super abundantissimam cenam iocularia in defectionis duces carmina lasciueque modulata, quae uulgo notuerunt, etiam gesticulatus est ; ac spectaculis theatri clam inlatus cuidam scaenico placenti nuntium misit « abuti eum occupationibus suis. »

XLIII. | Initio statim tumultus multa et inmania, ucrum non abhorrentia a natura sua, creditur destinasse : successores percussoresque summittere exercitus et prouincias regentibus, quasi conspiratis idemque et unum sentientibus ; quidquid ubique exulum, quidquid in urbe hominum Gallicanorum esset contrucidare, illos ne desciscentibus adgregarentur, hos ut conscios popularium suorum atque fautores ; Gallias exercitibus diripiendas permittere ; senatum uniuersum ueneno per conuiuia necare ; urbem incendere feris in populum immissis, quo difficilius defenderentur. Sed absterritus non tam paenitentia quam perficiendi desperatione credensque expeditionem necessariam, consules ante tempus priuauit honore atque in utriusque locum solus iniit consulatum, quasi fatale esset non

118. Il ne devait donc son succès qu'à l'absence de concurrence de la part de Néron.

de lui » ; comme sa nourrice essayait de le consoler, en lui rappelant que de pareils malheurs étaient arrivés à d'autres princes, il répondit « que son infortune à lui dépassait toutes les leurs, qu'elle était inouïe et sans exemple, puisque le pouvoir suprême lui échappait de son vivant ». Mais il ne renonça point pour autant à ses habitudes de luxe et de paresse et n'en retrancha rien ; bien au contraire, comme il avait reçu des provinces la nouvelle d'un succès, au cours d'un festin magnifique il chanta sur un air joyeux et même avec des gestes appropriés des vers comiques dirigés contre les chefs de la révolte, qui se répandirent dans le public ; puis, s'étant fait porter secrètement au théâtre, il envoya dire à un acteur très applaudi « qu'il abusait des occupations de l'empereur » [118].

XLIII. On croit que, dès le commencement de l'insurrection, il avait formé une foule de projets abominables, mais nullement opposés à son caractère : celui d'envoyer des successeurs et des assassins aux gouverneurs de provinces et aux chefs d'armées, qu'il tenait pour des conspirateurs animés d'un seul et même esprit ; de faire massacrer tous les exilés, où qu'ils fussent, et tous les Gaulois qui se trouvaient à Rome, les premiers, pour les empêcher de se joindre aux révoltés, les autres, comme étant les complices et les partisans de leurs compatriotes ; de laisser piller les Gaules par ses armées ; d'empoisonner tous les sénateurs dans des festins ; d'incendier Rome, et de lâcher contre le peuple des bêtes féroces, pour rendre le sauvetage plus difficile ; mais il abandonna ces projets, moins par scrupule de conscience que parce qu'il désespérait de les réaliser, et, jugeant une expédition nécessaire, il priva les consuls [119] de leur charge avant le temps légal pour se mettre tout seul à leur place, sous prétexte que, suivant l'arrêt du

---

119. T. Catius Silius Italicus (l'auteur des *Punica*) et Galerius Trachalus.

posse Gallias debellari nisi a consule. Ac susceptis fascibus cum post epulas triclinio digrederetur, innixus umeris familiarium affirmauit, « simul ac primum prouinciam attigisset, inermem se in conspectum exercituum proditurum nec quicquam aliud quam fleturum, reuocatisque ad paenitentiam defectoribus insequenti die laetum inter laetos cantaturum epinicia, quae iam nunc sibi componi oporteret. »

XLIV. | In praeparanda expeditione primam curam habuit deligendi uehicula portandis scaenicis organis concubinasque, quas secum educeret, tondendi ad uirilem modum et securibus peltisque Amazonicis instruendi. Mox tribus urbanas ad sacramentum citauit ac, nullo idoneo respondente, certum dominis seruorum numerum indixit ; nec nisi ex tota cuiusque familia probatissimos, ne dispensatoribus quidem aut amanuensibus exceptis, recepit. Partem etiam census omnes ordines conferre iussit et insuper inquilinos priuatarum aedium atque insularum pensionem annuam repraesentare fisco ; exegitque ingenti fastidio et acerbitate nummum asperum, argentum pustulatum, aurum ad obrussam, ut plerique omnem collationem palam recusarent, consensu flagitantes a delatoribus potius reuocanda praemia quaecumque cepissent.

---

120. Tous les exercices musicaux de Néron appartiennent au système musical grec.
121. Les accusateurs recevaient comme récompense une partie des

destin, les Gaules ne pouvaient être réduites que par un consul. Il prit donc les faisceaux et, tandis qu'il sortait de la salle à manger après un festin, appuyé sur les épaules de ses intimes, il leur déclara : « Sitôt que j'aurai touché le sol de la province, je me présenterai sans armes aux yeux des soldats et me contenterai de verser des pleurs ; alors les révoltés seront pris de repentir et le lendemain, plein de joie, au milieu de l'allégresse générale, je chanterai un hymne de victoire [120], qu'il me faut composer dès maintenant. »

XLIV. Son premier soin, en préparant son expédition, fut de choisir des voitures pour transporter ses instruments de musique, de faire tondre comme des hommes celles de ses concubines qu'il voulait emmener avec lui, et de les armer, comme des Amazones, de haches et de boucliers. Ensuite, il convoqua les tribus urbaines, pour leur faire prêter le serment militaire, mais aucun citoyen bon pour le service ne répondant à l'appel, il exigea des maîtres un nombre déterminé d'esclaves, et parmi tous ceux que chacun possédait il n'accepta que les sujets de choix, y compris même les intendants et les secrétaires ; il commanda encore aux citoyens de tous les ordres de fournir, à titre de contribution, une partie de leur capital et, par surcroît, aux locataires des maisons particulières et des maisons de rapport, de verser immédiatement au fisc une année de loyer ; se montrant d'ailleurs extrêmement difficile et rigoureux, il exigea des pièces neuves, de l'argent purifié au feu, de l'or passé au creuset, si bien que la plupart refusèrent ouvertement toute contribution, en réclamant d'un commun accord qu'on redemandât plutôt aux délateurs toutes les récompenses qu'ils avaient reçues [121]

---

biens de ceux qu'ils avaient dénoncés. Les citoyens estimaient donc que Néron, en multipliant les délations, avait déjà prélevé suffisamment sur les citoyens.

XLV. Ex annonae quoque caritate lucranti adcreuit
inuidia ; nam et forte accidit, ut in publica fame Alexandrina nauis nuntiaretur puluerem luctatoribus aulicis
aduexisse. | Quare omnium in se odio incitato nihil
contumeliarum defuit quin subiret. Statuae eius a
uertice cirrus appositus est cum inscriptione Graeca,
« nunc demum agona esse, et traderet tandem ! »
Alterius collo ascopera deligata simulque titulus :
« Ego quid potui ? sed tu culleum meruisti. » Ascrip-
tum et columnis, « etiam Gallos eum cantando exci-
tasse. » Iam noctibus iurgia cum seruis plerique simu-
lantes crebro « Vindicem » poscebant.

XLVI. | Terrebatur ad hoc euidentibus portentis
somniorum et auspiciorum et ominum, cum ueteribus
tum nouis. Numquam antea somniare solitus, occisa
demum matre uidit per quietem nauem sibi regenti
extortum gubernaculum trahique se ab Octauia uxore
in artissimas tenebras et modo pinnatarum formica-
rum multitudine oppleri, modo a simulacris gentium
ad Pompei theatrum dedicatarum circumiri arcerique
progressu ; asturconem, quo maxime laetabatur, pos-

122. Les navires d'Alexandrie étaient attendus pour le blé apporté
d'Égypte que le service de l'annone distribuait au peuple. Au lieu de
cela, les cales du navire ne recèlent que du sable du désert pour le plaisir du Prince.
123. Pour lui donner l'air d'une femme ou d'un Apollon citharède.

XLV. La haine qu'il s'était attirée en spéculant jusque sur la cherté du blé s'accrut encore, car le hasard voulut même que l'on annonçât, au milieu d'une disette publique, l'arrivée d'un navire d'Alexandrie [122] apportant du sable pour les lutteurs de la cour. Aussi, la haine générale étant soulevée contre lui, il n'y eut sorte d'outrages qu'on ne lui fît subir. On accrocha un chignon derrière la tête d'une de ses statues [123], avec cette inscription en grec : « C'est maintenant que commence la lutte ; dérobe-toi donc ! » Au cou d'une autre on attacha une besace portant ces mots : « Pour moi, qu'aurais-je pu faire de plus ? mais toi, tu as mérité le sac des parricides [124]. » On inscrivit encore sur des colonnes : « Ses chants ont réveillé même les coqs Gaulois [125]. » Enfin, l'on entendit souvent, la nuit, des gens, qui feignaient de se disputer avec des esclaves, réclamer avec insistance un « Vindex [126] ».

XLVI. En outre, il était épouvanté par des avertissements très clairs provenant de songes, d'augures et de présages, non seulement anciens mais récents. Alors qu'il n'avait jamais eu de rêves jusqu'au meurtre de sa mère, depuis, il lui sembla, durant son sommeil, qu'on lui arrachait le gouvernail d'un navire qu'il dirigeait, que son épouse Octavie l'entraînait dans les plus épaisses ténèbres, et tantôt qu'il était couvert par une multitude de fourmis ailées, tantôt que les statues des nations inaugurées près du théâtre de Pompée l'entouraient et lui barraient le passage ; enfin, que son cheval asturien, auquel il était très attaché, lui apparaissait entièrement

124. Les parricides étaient condamnés à être enfermés dans un sac avec des animaux et jetés à l'eau.
125. *Gallus* signifie à la fois « coq » et « gaulois ».
126. Jeu de mot sur *Vindex* qui signifie « témoin » ou « garant » dans le vocabulaire juridique

teriore corporis parte in simiae speciem transfigura-
tum ac tantum capite integro hinnitus edere canoros.
De Mausoleo, sponte foribus patefactis, exaudita uox
est nomine eum cientis. Kal. Ian. exornati Lares in
ipso sacrificii apparatu conciderunt ; auspicanti Sporus
anulum muneri optulit, cuius gemmae sculptura erat
Proserpinae raptus ; uotorum nuncupatione, magna
iam ordinum frequentia, uix repertae Capitolii claues.
Cum ex oratione eius, qua in Vindicem perorabat,
recitaretur in senatu daturos poenas sceleratos ac
breui dignum exitum facturos, conclamatum est ab
uniuersis : « Tu facies, Auguste. » Obseruatum etiam
fuerat nouissimam fabulam cantasse eum publice
Oedipodem exulem atque in hoc desisse uersu :

Θανεῖν μ' ἄνωγε σύγγαμος, μήτηρ, πατήρ.

XLVII. | Nuntiata interim etiam ceterorum exer-
cituum defectione, litteras prandenti sibi redditas
concerpsit, mensam subuertit, duos scyphos gratissimi
usus, quos Homerios a caelatura carminum Homeri
uocabat, solo inlisit ac, sumpto a Lucusta ueneno et
in auream pyxidem condito, transiit in hortos Seruilianos,
ubi, praemissis libertorum fidissimis Ostiam ad classem
praeparandam, tribunos centurionesque praetorii de
fugae societate temptauit. Sed partim tergiuersantibus,

---

127. Tombeau d'Auguste entre le Tibre et la voie Flaminia.
128. Proserpine enlevée par Dis, le dieu des enfers, équivalents
romains des divinités infernales grecques Perséphone et Pluton. Dis est
devenu pour les Romains une façon de dénommer la mort.
129. Prières solennelles faites au Capitole à l'occasion du 1er janvier.
130. Double sens : « Tu puniras » ou « tu feras une fin digne de toi »

métamorphosé en singe, à l'exception de la tête, et poussait des hennissements éclatants. Du fond du Mausolée [127], dont les portes s'ouvrirent d'elles-mêmes, se fit entendre une voix qui l'appelait par son nom. Le jour des calendes de janvier, les dieux Lares ornés de fleurs s'abattirent au milieu des apprêts du sacrifice ; tandis qu'il prenait les auspices, Sporus lui fit présent d'un anneau sur la pierre duquel était gravé le rapt de Proserpine [128] ; au moment des prières pour l'empereur [129], alors que les citoyens des différents ordres étaient déjà rassemblés en foule, on eut grand-peine à trouver les clefs du Capitole. Lorsqu'on lut au sénat le passage de sa harangue contre Vindex, dans lequel il déclarait que les criminels seraient châtiés et feraient bientôt une fin digne d'eux, tous s'écrièrent en chœur : « C'est toi, Auguste, qui le feras [130] ! » On avait même observé que, lorsqu'il chanta pour la dernière fois en public, ce fut dans la pièce d'Œdipe en exil [131], et qu'il finit par ce vers :

Épouse, mère et père, tous m'ordonnent de mourir.

XLVII. Sur ces entrefaites, on lui remit, pendant qu'il déjeunait, une lettre annonçant que les autres armées, elles aussi, faisaient défection : il la déchira en morceaux, renversa la table, brisa sur le sol deux coupes dont il aimait particulièrement se servir et qu'il appelait « homériques [132] », parce que des scènes d'Homère y étaient ciselées, puis, s'étant fait donner par Locuste un poison qu'il enferma dans une boîte d'or, il passa dans les jardins de Servilius [133] ; là, il envoya à Ostie les plus dévoués de ses affranchis, avec mission de préparer une flotte, puis il demanda aux tribuns et aux centurions du

131. Œdipe aveugle, accompagné de sa fille Antigone, quitte Thèbes après son double crime.
132. Suétone insiste sur le décor grec dans lequel vit Néron.
133. Les jardins de Servilius étaient situés au sud de la XIIᵉ région de Rome près de la porte d'Ostie.

partim aperte detrectantibus, uno uero etiam proclamante :

Vsque adeone mori miserum est ?

uarie agitauit, Parthosne an Galbam supplex peteret,
an atratus prodiret in publicum proque rostris quanta
maxima posset miseratione ueniam praeteritorum pre-
caretur, ac ni flexisset animos, uel Aegypti praefec-
turam concedi sibi oraret. Inuentus est postea in
scrinio eius hac de re sermo formatus ; sed deterritum
putant, ne prius quam in forum perueniret discerpe-
retur. ¡ Sic cogitatione in posterum diem dilata, ad
mediam fere noctem excitatus, ut comperit stationem
militum recessisse, prosiluit e lecto misitque circum
amicos, et quia nihil a quoquam renuntiabatur, ipse
cum paucis hospitia singulorum adiit. Verum clausis
omnium foribus, respondente nullo, in cubiculum
rediit, unde iam et custodes diffugerant, direptis etiam
stragulis, amota et pyxide ueneni ; ac statim Spicu-
lum myrmillonem uel quemlibet alium percussorem,
cuius manu periret, requisiit et nemine reperto : « Ergo
ego », inquit, « nec amicum habeo nec inimicum ? »
procurritque, quasi praecipitaturus se in Tiberim.

XLVIII. Sed reuocato rursus impetu aliquid secre-
tioris latebrae ad colligendum animum desiderauit,

prétoire s'ils consentiraient à l'accompagner dans sa
fuite. Mais les uns tergiversèrent, les autres refusèrent
catégoriquement, et l'un d'eux s'écria même :

Est-ce un si grand malheur que de cesser de vivre [134] ?

Alors, agitant divers projets, il songea soit à se
rendre en suppliant chez les Parthes, ou auprès de Galba,
soit à se présenter en public vêtu de noir, pour implorer
du haut des rostres, aussi pitoyablement qu'il pourrait, le
pardon du passé, et, s'il ne parvenait pas à toucher les
cœurs, prier qu'on lui accordât tout au moins la préfecture d'Égypte. On trouva plus tard dans son écritoire une
allocution préparée dans ce sens ; mais il abandonna ce
projet, par crainte, semble-t-il, d'être mis en pièces avant
de parvenir au forum. Il remit donc la décision au lendemain, mais, s'étant réveillé vers le milieu de la nuit et
apprenant que le poste de garde s'était retiré, il sauta de
son lit et envoya chercher ses divers amis ; puis, comme
personne ne lui rapportait de réponse, il alla lui-même,
avec quelques compagnons, demander l'hospitalité successivement à chacun d'eux. Trouvant toutes les portes
closes et n'obtenant point de réponse, il revint dans sa
chambre à coucher, d'où les gardes à leur tour s'étaient
déjà enfuis, emportant jusqu'à ses couvertures et volant
même la boîte de poison ; aussitôt, il envoya chercher le
mirmillon Spiculus ou quiconque voulant bien le tuer,
mais comme on n'avait trouvé personne : « Je n'ai donc,
dit-il, ni ami ni ennemi ? » puis il courut se précipiter
dans le Tibre.

XLVIII. Mais, revenu de ce premier mouvement, il
souhaita quelque retraite écartée pour rassembler ses

---

134. Racine, *Phèdre*, acte III, scène 3 ; traduction de Virgile, *Énéide*,
12, 646.

et offerente Phaonte liberto suburbanum suum inter
Salariam et Nomentanam uiam circa quartum milia-
rium, ut erat nudo pede atque tunicatus, paenulam
obsoleti coloris superinduit adopertoque capite et
ante faciem optento sudario equum inscendit, quattuor
solis comitantibus, inter quos et Sporus erat. Statimque tremore terrae et fulgure aduerso pauefactus
audiit e proximis castris clamorem militum et sibi
aduersa et Galbae prospera ominantium, etiam ex
obuiis uiatoribus quendam dicentem : « Hi Neronem
persequuntur », alium sciscitantem : « Ecquid in urbe
noui de Nerone ? » Equo autem ex odore abiecti in
uia cadaueris consternato, detecta facie agnitus est
a quodam missicio praetoriano et salutatus. Vt ad
deuerticulum uentum est, dimissis equis, inter fruticeta
ac uepres per harundineti semitam aegre nec nisi strata
sub pedibus ueste ad auersum uillae parietem euasit.
Ibi hortante eodem Phaonte, ut interim in specum
egestae harenae concederet, negauit se uiuum sub
terram iturum, ac parumper commoratus, dum clan-
destinus ad uillam introitus pararetur, aquam ex
subiecta lacuna poturus manu hausit et : « Haec est »,
inquit, « Neronis decocta ! » Dein diuolsa sentibus pae-

---

135. Phaon était responsable des finances de l'Empire (*Procurator a rationibus*).
136. Au nord-est de Rome, au-delà de la VIe région.

esprits ; Phaon [135], son affranchi, lui proposant alors sa
maison de banlieue située entre la voie Salaria et la voie
Nomentane [136], vers le quatrième milliaire, restant
comme il était, pieds nus et en tunique, il endossa par-
dessus un petit manteau de couleur passée, se couvrit la
tête, mit un mouchoir sur sa figure et monta à cheval,
accompagné seulement de quatre personnes, parmi lesquelles était aussi Sporus [137]. Au même instant, épouvanté par un tremblement de terre et par un éclair jaillis-
sant devant lui, il entendit, venant du camp voisin, les
cris des soldats qui formaient des vœux contre lui et
pour Galba ; l'un des passants qu'ils rencontrèrent dit
même : « Voilà des gens qui poursuivent Néron » ; un
autre leur demanda : « Quelles sont les nouvelles de
Rome, au sujet de Néron ? » Son cheval s'étant effarou-
ché en flairant un cadavre abandonné sur la route, il
découvrit son visage et fut reconnu par un ancien prétorien, qui le salua. Lorsqu'ils arrivèrent à un chemin de
traverse, ils laissèrent leurs chevaux et, passant au milieu
de fourrés et de broussailles par un sentier bordé de
roseaux, Néron parvint à grand-peine, non sans étendre
des vêtements sous ses pieds, au mur de derrière de la
maison. Là, comme Phaon l'invitait à se cacher un
moment dans une carrière de sable, il déclara qu'il ne
voulait pas s'enterrer tout vif et, faisant une courte halte,
en attendant qu'on lui eût ménagé une entrée secrète
dans la maison, pour se désaltérer il puisa dans le creux
de sa main l'eau d'une mare étalée à ses pieds, et dit :
« Voilà les rafraîchissements de Néron [138] ! » Ensuite,

137. Selon Dion Cassius (63, 27), il y avait là au moins Phaon,
Épaphrodite et Sporus.
138. La *neronis decocta* est une boisson inventée par Néron : de l'eau
bouillie rafraîchie dans de la glace.

nula traiectos surculos rasit, atque ita quadripes per
angustias effossae cauernae receptus in proximam cel-
lam decubuit super lectum modica culcita, uetere
pallio strato instructum ; fameque et iterum siti
interpellante panem quidem sordidum oblatum
aspernatus est, aquae autem tepidae aliquantum
bibit.

XLIX. Tunc uno quoque hinc inde instante ut
quam primum se impendentibus contumeliis eriperet,
scrobem coram fieri imperauit dimensus ad corporis
sui modulum, componique simul, si qua inuenirentur,
frusta marmoris et aquam simul ac ligna conferri
curando mox cadaueri, flens ad singula atque identi-
dem dictitans : « Qualis artifex pereo ! » | Inter moras
perlatos a cursore Phaonti codicillos praeripuit legit-
que se hostem a senatu iudicatum et quaeri, ut punia-
tur more maiorum, interrogauitque quale id genus esset
poenae ; et cum comperisset nudi hominis ceruicem
inseri furcae, corpus uirgis ad necem caedi, conterritus
duos pugiones, quos secum extulerat, arripuit tempta-
taque utriusque acie rursus condidit, causatus « nondum adesse fatalem horam. » Ac modo Sporum hor-
tabatur ut lamentari ac plangere inciperet, modo orabat
ut se aliquis ad mortem capessendam exemplo iuuaret ;
interdum segnitiem suam his uerbis increpabat :

avec son petit manteau déchiré par les ronces, il se fraya un passage à travers les broussailles et pénétra, à quatre pattes, par un couloir étroit que l'on venait de creuser, dans le réduit le plus proche, où il se coucha sur un lit fait d'un mauvais matelas et d'un vieux manteau, en guise de couverture ; là, tourmenté par la faim et repris par la soif, il dédaigna le pain grossier qu'on lui offrit, mais but beaucoup d'eau tiède.

XLIX. Ensuite, comme chacun de ses compagnons tour à tour l'invitait à se dérober sans retard aux outrages qui l'attendaient, il ordonna de creuser devant lui une fosse à ses mesures, de disposer autour d'elle quelques morceaux de marbre, si l'on en trouvait, puis d'apporter de l'eau et du bois, pour rendre bientôt les derniers honneurs à son cadavre [139] ; à chacun de ces préparatifs, il pleurait et répétait à tout instant : « Quel artiste va périr avec moi ! » Tandis qu'il s'attardait ainsi, un coureur apporta un billet à Phaon : le lui arrachant des mains, Néron lut que le sénat l'avait déclaré ennemi public et qu'on le recherchait pour le punir suivant la coutume des ancêtres ; il demanda quel était ce genre de supplice ; lorsqu'on lui apprit qu'on dépouillait le condamné, qu'on lui passait la tête dans une fourche et qu'on le battait de verges jusqu'à la mort, épouvanté, il saisit deux poignards qu'il avait emportés avec lui, en essaya successivement les pointes, puis les remit dans leur gaine, en prétextant « que l'heure marquée par le destin n'était point encore venue ». Tantôt il invitait Sporus à commencer les lamentations et les plaintes, tantôt il suppliait que quelqu'un l'encourageât par son exemple à se donner la mort ; parfois il se reprochait sa lâcheté en ces termes :

---

139. Tous éléments nécessaires à la confection d'un bûcher funéraire.

« Viuo deformiter, turpiter — οὐ πρέπει Νέρωνι, οὐ
πρέπει — νήφειν δεῖ ἐν τοῖς τοιούτοις — ἄγε ἔγειρε σεαυτόν. »
Iamque equites appropinquabant, quibus praeceptum
erat ut uiuum eum adtraherent. Quod ut sensit,
trepidanter effatus :

Ἵππων μ᾽ ὠκυπόδων ἀμφὶ κτύπος οὔατα βάλλει

ferrum iugulo adegit iuuante Epaphrodito a libellis.
Semianimisque adhuc irrumpenti centurioni et paenula
ad uulnus adposita in auxilium se uenisse simulanti
non aliud respondit quam : « Sero » et : « Haec est
fides. » Atque in ea uoce defecit, extantibus rigenti-
busque oculis usque ad horrorem formidinemque uisen-
tium.   Nihil prius aut magis a comitibus exegerat
quam ne potestas cuiquam capitis sui fieret, sed ut
quoquo modo totus cremaretur. Permisit hoc *Icelus*,
Galbae libertus, non multo ante uinculis exolutus, in
quae primo tumultu coniectus fuerat.

L. | Funeratus est impensa ducentorum milium,
stragulis albis auro intextis, quibus usus *Kal.* Ian.
fuerat. Reliquias Egloge et Alexandria nutrices cum
Acte concubina gentili Domitiorum monimento condi-

---

140. Homère, *Iliade* 10, 535.
141. Pour éviter à son cadavre tout traitement injurieux, comme cela
s'était produit maintes fois dans l'histoire de Rome, particulièrement
pendant les guerres civiles.

« Ma conduite est ignoble, déshonorante. – C'est indigne de Néron, oui, indigne. – Il faut du sang-froid dans de pareils moments. – Allons, réveille-toi ! » Déjà s'approchaient les cavaliers qui avaient pour mission de le ramener vivant. Lorsqu'il les entendit, il dit en tremblant :

Le galop des chevaux aux pieds rapides frappe mes oreilles [140],

puis il s'enfonça le fer dans la gorge, avec l'aide d'Épaphrodite, son maître des requêtes. Il respirait encore, lorsqu'un centurion arriva précipitamment, et feignant d'être venu à son secours, appliqua son manteau sur la blessure ; Néron lui dit simplement : « C'est trop tard » et « Voilà bien la fidélité ! » Sur ces mots, il expira, et ses yeux sortant de sa tête prirent une telle fixité qu'ils inspiraient l'horreur et l'épouvante à ceux qui les virent. La première et la principale promesse qu'il avait exigée de ses compagnons était de ne laisser personne disposer de sa tête, mais de le brûler tout entier [141], de quelque manière que ce fût. Cette permission leur fut accordée par Icelus, affranchi de Galba, qui avait été jeté dans les fers au début de l'insurrection et venait d'être délivré.

L. Pour ses funérailles, qui coûtèrent deux cent mille sesterces, on l'enveloppa dans les couvertures blanches brochées d'or qui lui avaient servi le jour des calendes de janvier [142]. Ses restes furent enfermés par ses nourrices Églogé et Alexandria, aidées par sa concubine Acté, dans le tombeau de famille des Domitii [143], que

---

142. Le jour des calendes de janvier 68. Néron mourut le 9 juin.
143. Sur la rive droite du Tibre dans une zone proche de l'actuel mausolée d'Hadrien.

derunt, quod prospicitur e campo Martio impositum colli Hortulorum. In eo monimento solium porphyretici marmoris, superstante Lunensi ara, circumsaeptum est lapide Thasio.

LI. | Statura fuit prope iusta, corpore maculoso et fetido, subflauo capillo, uultu pulchro magis quam uenusto, oculis caesis et hebetioribus, ceruice obesa, uentre proiecto, gracillimis cruribus, ualitudine prospera ; nam qui luxuriae immoderatissimae esset, ter omnino per quattuordecim annos languit, atque ut neque uino neque consuetudine reliqua abstineret ; circa cultum habitumque adeo pudendus, ut comam semper in gradus formatam peregrinatione Achaica etiam pone uerticem summiserit ac plerumque synthesinam indutus ligato circum collum sudario prodierit in publicum sine cinctu et discalciatus.

LII. | Liberalis disciplinas omnis fere puer attigit. Sed a philosophia eum mater auertit monens imperaturo contrariam esse ; a cognitione ueterum oratorum Seneca praeceptor, quo diu in admiratione sui detineret. Itaque ad poeticam pronus carmina libenter ac sine labore composuit nec, ut quidam putant, aliena pro suis edidit. Venere in manus meas pugillares libellique cum quibusdam notissimis uersibus ipsius chi-

---

144. Ville d'Étrurie.
145. Province romaine qui occupait en gros le Péloponnèse.

l'on aperçoit du Champ de Mars sur la colline des Jardins. Il eut dans ce tombeau un sarcophage de porphyre, surmonté d'un autel en marbre de Luna [144] et entouré d'une balustrade en pierre de Thasos.

LI. Sa taille approchait de la moyenne ; son corps était couvert de taches et malodorant ; sa chevelure tirait sur le blond ; son visage avait de la beauté plutôt que de la grâce ; ses yeux étaient bleuâtres et faibles, son cou, épais, son ventre, proéminent, ses jambes, très grêles, sa santé, robuste : en effet, malgré ses débauches effrénées, en quatorze ans de règne il ne fut malade que trois fois, encore sans être obligé de s'abstenir de vin ni de renoncer à ses autres habitudes ; dans sa mise et dans sa tenue, manquait tellement de dignité qu'il arrangeait toujours sa chevelure en étages, la laissant même retomber sur sa nuque durant son voyage en Achaïe [145], et que bien souvent il parut en public vêtu d'une robe de chambre, avec un mouchoir noué autour du cou, sans ceinture et nu-pieds [146].

LII. Il toucha, dès son enfance, presque à toutes les études libérales, mais il fut détourné de la philosophie par sa mère, qui la lui représenta comme nuisible à un futur souverain, et de l'étude des anciens orateurs par son maître Sénèque, désireux de capter plus longtemps son admiration. Aussi, comme il était porté vers la poésie, composa-t-il des vers par plaisir et sans peine, loin de publier sous son nom ceux d'autrui, comme certains le pensent. Il m'est tombé sous la main des notes et des brouillons contenant certains vers de lui, très connus : or, il était facile de voir qu'ils n'avaient pas été copiés ni

---

146. Cheveux longs, tenue d'intérieur, absence de ceinture et de chaussures, tous ces éléments dénotent pour les Romains un personnage d'intérieur, donc efféminé

rographo scriptis, ut facile appareret non tralatos aut
dictante aliquo exceptos, sed plane quasi a cogitante
atque generante exaratos ; ita multa et deleta et inducta
et superscripta inerant. Habuit et pingendi fingendique
non mediocre studium.

LIII. | Maxime autem popularitate efferebatur,
omnium aemulus, qui quoquo modo animum uulgi
mouerent. Exiit opinio post scaenicas coronas proximo
lustro descensurum eum ad Olympia inter athletas ;
nam et luctabatur assidue nec aliter certamina gym-
nica tota Graecia spectauerat quam brabeutarum more
in stadio humi assidens ac, si qua paria longius reces-
sissent, in medium manibus suis protrahens. Destinauerat etiam, quia Apollinem cantu, Solem auri-
gando aequiperare existimaretur, imitari et Herculis
facta ; praeparatumque leonem aiunt, quem uel claua
uel brachiorum nexibus in amphitheatri harena spec-
tante populo nudus elideret.

LIV. Sub exitu quidem uitae palam uouerat, si
sibi incolumis status permansisset, proditurum se partae
uictoriae ludis etiam hydraulam et choraulam et utri-
cularium ac nouissimo die histrionem saltaturumque
Vergilii Turnum. Et sunt qui tradant Paridem histrionem occisum ab eo quasi grauem aduersarium.

147. Remarque intéressante permettant de juger la façon dont travaille
Suétone et quels documents il utilise.
148. Même affirmation dans Tacite, *Annales*, 13, 3.

écrits sous la dictée de quelqu'un, mais incontestablement tracés par un homme qui médite et compose, tant il y avait de ratures, d'additions et de surcharges [147]. Il eut aussi un goût fort vif pour la peinture et pour la sculpture [148].

LIII. Mais il avait surtout la passion de la popularité et prétendait rivaliser avec tous ceux qui, à un titre quelconque, possédaient la faveur du public. Après ses succès au théâtre, le bruit se répandit qu'au prochain lustre il descendrait dans l'arène parmi les athlètes, aux jeux Olympiques ; de fait, il s'exerçait régulièrement à la lutte et dans toute la Grèce il n'avait jamais assisté aux concours gymniques sans se tenir assis à terre dans le stade, à la façon des arbitres, ramenant parfois de ses propres mains au milieu de l'arène les couples qui s'en écartaient trop. Voyant qu'on le mettait au niveau d'Apollon pour le chant [149] et du Soleil, pour la conduite des chars, il avait même résolu d'imiter aussi les exploits d'Hercule [150] ; il avait, dit-on, fait préparer un lion qu'il devait, paraissant tout nu dans l'arène de l'amphithéâtre, soit assommer à coups de massue, soit étouffer entre ses bras, sous les yeux du public.

LIV. Vers la fin de sa vie, il avait publiquement fait vœu, si rien n'était changé dans sa fortune, de prendre part aux jeux qui seraient célébrés en l'honneur de sa victoire, même comme joueur d'orgue hydraulique, comme flûtiste, comme joueur de cornemuse, enfin, le dernier jour, comme histrion, et de mimer en dansant le rôle du Turnus de Virgile [151]. Certains rapportent même qu'il fit périr l'histrion Pâris, parce qu'il le considérait comme un rival redoutable.

149. Comme le ferait un arbitre, il s'agit là encore de jeux grecs.
150. Épisode du lion de Némée.
151. Turnus, roi des Rutules, fut tué par Énée.

LV. Erat illi aeternitatis perpetuaeque famae cupido, sed inconsulta. Ideoque multis rebus ac locis uetere appellatione detracta nouam indixit ex suo nomine, mensem quoque Aprilem Neroneum appellauit; destinauerat et Romam Neropolim nuncupare.

LVI. | Religionum usque quaque contemptor, praeter unius Deae Syriae, hanc mox ita spreuit ut urina contaminaret, alia superstitione captus, in qua sola pertinacissime haesit, siquidem *ima*gunculam puellarem, cum quasi remedium insidiarum a plebeio quodam et ignoto muneri accepisset, detecta confestim coniuratione pro summo numine trinisque in die sacrificiis colere perseuerauit uolebatque credi monitione eius futura praenoscere. Ante paucos quam periret menses attendit et extispicio nec umquam litauit.

LVII. | Obiit tricensimo et secundo aetatis anno, die quo quondam Octauiam interemerat, tantumque gaudium publice praebuit, ut plebs pilleata tota urbe discurreret. Et tamen non defuerunt qui per longum tempus uernis aestiuisque floribus tumulum eius ornarent ac modo imagines praetextatas in rostris proferrent, modo edicta quasi uiuentis et breui magno inimicorum malo reuersuri. Quin etiam Vologaesus Parthorum rex missis ad senatum legatis de instau-

---

152. Changement de nom voté par le Sénat après l'écrasement de la conjuration de Pison, le mois de mai prenant le nom de Claude et juin celui de Germanicus.
153. Le 19 juin, six ans après le meurtre d'Octavie.
154. C'est le bonnet des affranchis. Les citoyens signifient par là la fin de leur esclavage.

LV. Dans son désir inconsidéré de perpétuer pour l'éternité sa mémoire, il retira à une foule de choses et de lieux leur ancienne appellation pour leur en donner une nouvelle tirée de son nom, et il appela Néronien le mois d'avril [152] ; il avait même projeté de donner à Rome le nom de Néropolis.

LVI. Méprisant toutes les formes de religion, il n'eut de culte que pour une déesse syrienne, mais par la suite il lui marqua un tel dédain qu'il la souilla de son urine, lorsqu'il se fut abandonné à une autre superstition, la seule à laquelle il resta inébranlablement attaché : un homme du peuple, qu'il ne connaissait pas, lui avait fait cadeau d'une statuette représentant une jeune fille, qui devait le préserver des complots ; or, une conjuration ayant été découverte aussitôt après, il l'honora jusqu'à la fin comme une divinité toute-puissante, lui offrant chaque jour trois sacrifices, et il voulait faire croire qu'elle lui dévoilait l'avenir. Quelques mois avant sa mort, il consulta aussi les entrailles des victimes, mais il n'obtint jamais de présages favorables.

LVII. Il mourut dans sa trente-deuxième année, le jour même où il avait jadis fait périr Octavie [153], et l'allégresse publique fut si grande que les plébéiens coururent par toute la ville, coiffés de bonnets phrygiens [154]. Néanmoins, il se trouva des gens qui, pendant de longues années, ornèrent son tombeau de fleurs, au printemps et en été, et qui exposèrent à la tribune aux harangues tantôt ses portraits vêtus de la prétexte [155], tantôt des édits par lesquels il annonçait, comme s'il eût été vivant, qu'il reviendrait bientôt pour la ruine de ses ennemis. Bien plus, Vologèse [156], le roi des Parthes, ayant envoyé des ambassadeurs au sénat pour renouve-

---

155. La toge des magistrats.
156. C'était Vologèse qui avait traité avec Néron le compromis sur l'Arménie, sa prière de respecter la mémoire de Néron est aussi une demande de respecter des engagements religieusement scellés.

randa societate hoc etiam magno opere orauit, ut
Neronis memoria coleretur. Denique cum post uiginti
annos adulescente me extitisset condicionis incertae
qui se Neronem esse iactaret, tam fauorabile nomen
eius apud Parthos fuit, ut uehementer adiutus et uix
redditus sit.

ler son traité d'alliance, fit en outre demander instamment qu'on rendît un culte à la mémoire de Néron. Enfin, vingt ans après sa mort, durant mon adolescence, parut un personnage de condition mal définie, qui prétendait être Néron, et ce nom lui valut tant de faveur chez les Parthes qu'ils le soutinrent énergiquement et nous le livrèrent à grand-peine [157].

157. Il y eut deux autres faux Nérons : le premier deux ans après sa disparition en 70, le second dans les années 80.

NOTICE COMPLÉMENTAIRE

Le calendrier romain dit julien

Le calendrier romain classique est assez simple. Il a pour chacun des douze mois un point fixe, le premier du mois, les *calendes*. Viennent ensuite deux points secondaires relativement fixes puisque variant en fonction de la durée du mois: les *nones*, cinquième jour du mois (septième dans les mois longs), et les *ides*, treizième jour du mois (quinzième dans les mois longs). Ce qui souvent déroute le lecteur moderne, c'est que les Romains faisaient un compte à rebours des jours, mais cela n'est pas plus difficile à comprendre et à pratiquer que ne l'est notre façon de décompter les minutes de nos heures quand, par exemple, nous disons huit heures moins dix pour sept heures cinquante; les Romains disaient en quelque sorte « calendes de février moins cinq » pour désigner notre 28 janvier, puisqu'ils incluaient toujours dans leur décompte le jour de début et le jour de fin. Et ils décomptaient de la même façon les jours précédant les nones et ceux précédant les ides.

Depuis le 1er janvier 45 av. J.-C., année où César, en tant que grand pontife, avait imposé un calendrier nouveau et d'une grande précision, calculé par les savants alexandrins, les mois avaient 30 ou 31 jours, sauf le mois de février qui n'en comptait que 28, ou 29 une fois tous les quatre ans (pendant une quarantaine d'années, on commit l'erreur de faire revenir ce long mois de février tous les trois ans, mais tout rentra dans l'ordre en 8 av. J.-C.). Ce jour supplémentaire fut ajouté en redoublant le 24 février, sixième jour avant les calendes de mars, d'où son nom *bi-sextilis*. L'année de ce calendrier julien dépasse d'environ onze heures l'année solaire. La correction sera réalisée à la fin du XVIe par le pape Grégoire XIII, en 1582.

Les noms de mois furent l'objet de changements. Le mois de juillet reçut son nom de Jules César, après sa mort. Il en fut de même pour le mois suivant qui dut son nom à Auguste, et pour équivaloir au précédent fut porté à 31 jours. On voit que lorsque le sénat donne au mois d'avril le nom de Néron, à mai celui de Claude et à juin celui de Germanicus, il ne fait que suivre une tradition déjà bien établie.

Les Romains dataient les années d'après les noms des consuls, dont ils possédaient la liste complète depuis la fondation de la République. À l'époque impériale, on combinait la datation consulaire et la datation par années de règne. Le décompte « depuis la fondation de Rome » *(ab urbe condita = AUC)* fut peu employé en dehors du monde savant. C'est au milieu du VIe siècle qu'un moine inventa l'ère chrétienne en prenant pour point de référence l' année de naissance du Christ.

Esclaves et affranchis

Les affranchis ont tenu une place considérable dans l'empire, surtout à partir du règne de Claude, d'une part à cause de leur nombre, d'autre part du fait de l'accession de quelques-uns d' entre eux à de très hauts postes de responsabilité.

La société romaine, comme toutes les sociétés antiques était une société esclavagiste. L'esclavage était à ce point intégré dans le cadre institutionnel comme dans le contexte mental qu'il n'était pratiquement pas remis en question et il n'apparaît qu'à de rares occasions dans les textes anciens. Les esclaves étaient pourtant à Rome en nombre supérieur à celui des hommes libres, sans que nous puissions dire dans quelle proportion. Mais, au regard du droit, ils n'étaient rien ou plutôt ils n'existaient que comme un bien mobilier semblable au bétail que possédait leur maître, à cette seule différence qu'ils étaient dotés de la parole. L'esclave est un *instrumentum vocale*. Il n'avait donc aucun nom, aucune parenté ni ascendante ni descendante, il ne pouvait se marier, et si une femme avait un enfant, celui-ci ne lui appartenait pas mais appartenait au maître.

Cet état ne prenait fin que par la volonté du maître, qui pouvait affranchir l'esclave. C'était un acte relativement fréquent et qui pouvait trouver toutes sortes de motivations. À Rome, contrairement à ce qui se passait en Grèce, l' affranchissement faisait passer de l'absence totale de statut juridique, de l'inexistence à l'égard du droit, au statut le plus complet, le plus privilégié dans le monde romain : celui de citoyen. C'est ainsi que, par un acte privé — l'affranchissement —, une personne privée, le maître, pouvait donner un statut public et créer de nouveaux citoyens romains.

Les affranchis sont donc d'anciens esclaves devenus citoyens. Certes ils restent marqués par leur origine servile, dans leur nom et dans leur état-civil, et ils demeurent liés à leur ancien maître par des obligations. D'abord, par le respect (obsequium) qui, même s'il recouvrait une notion assez floue, n'était cependant pas un vain mot, puisque sa non-observation pouvait conduire l'affranchi en justice, à la demande de son patron. De plus, et de manière plus précise et même parfois contractuelle, l'affranchi devait à son patron des journées de travail (operae) qu'il accomplissait à la demande. Le patron ne pouvait toutefois exiger de lui que des tâches déterminées, à des jours déterminés, et ces tâches ne pouvaient en aucune manière être de nature servile. Quand l'affranchi avait deux enfants reconnus (donc nés après sa libération), il était exempté des operae. Parce qu'ils n'avaient fait aucun service militaire et n'avaient jamais porté les armes de la cité, les affranchis ne pouvaient entrer ni dans l'ordre équestre ni dans l'ordre sénatorial et ne pouvaient briguer aucune magistrature romaine ni municipale. La seule dignité qu'ils pouvaient atteindre était d'ordre religieux : ils pouvaient être prêtres du culte impérial, ce qui explique que beaucoup d'affranchis se soient retrouvés dans ces collèges sacerdotaux.

S'ils partageaient un statut juridique commun, les affranchis avaient cependant dans la société des conditions très variées. Certains affranchis de l'empereur pouvaient être plus puissants et mieux traités que des sénateurs de vieille souche. Il en résultait des frustrations et des haines peu communes. Ces affranchis pouvaient, dans des cas exceptionnels mais à l'évidence très remarqués, recevoir certains *ornamenta* (anneau d'or ou *orna-menta* de magistratures) ou se voir « restituer leurs droits de naissance » *(restitutio natalium)* par l'empereur et effacer ainsi les traces de leur passé servile. À l'opposé, certains affranchissements n'étaient que le moyen pour des propriétaires peu fortunés de se débarrasser d'esclaves invendables ou trop vieux.

À la fin de la République et au début de l'Empire, les affranchis constituaient la majeure partie des nouveaux citoyens romains ; on pense même qu'à certaines périodes ils ont constitué la source principale de renou-vellement du corps civique.

Les empereurs julio-claudiens

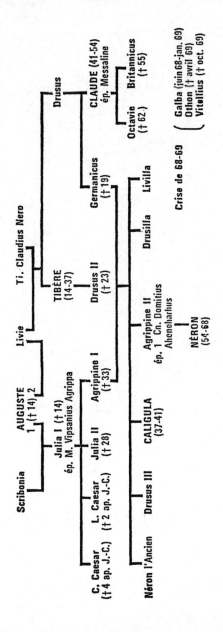

(tableau extrait du *Précis d'Histoire romaine* de Marcel Bordet, Paris, Armand Colin, 1969.)

Repères chronologiques

14. Mort d'Auguste

14-37. Règne de Tibère.
37-41. Règne de Caligula.

41-54. Règne de Claude.

43. Conquête de la Bretagne. Provinces de Pamphylie et de Lycie.
46. Province de Thrace.
49. Expulsion des juifs de Rome.

54-68. Règne de Néron.

58-63. Campagnes de Corbulon. Paix de Rhandeia (63).
64. Incendie de Rome. Première persécution des chrétiens.
68. Révolte de Vindex. Mort de Néron.
Galba empereur.

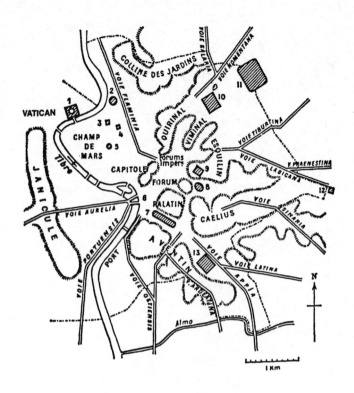

Plan d'ensemble de la Rome impériale

1. Mausolée d'Hadrien – 2. Mausolée d'Auguste – 3. Colonne
d'Antonin – 4. Colonne de Marc Aurèle – 5. Panthéon – 6. *Forum
Boarium* – 7. Grand Cirque – 8. Amphithéâtre flavien – 9. Thermes de
Trajan – 10. Thermes de Dioclétien – 11. Camp prétorien – 12.
Monuments d'Antinoüs – 13. Thermes de Caracalla.

Limites de la ville au IVe siècle ap. J.-C.

(d'après L. Homo, *Rome impériale et l'urbanisme dans l'Antiquité*,
Paris, Albin Michel, 2e éd., 1971, p. 12.)

BIBLIOGRAPHIE SOMMAIRE

E. ALBERTINI, *L'Empire romain*, Paris, 4ᵉ éd., 1970.

H. BARDON, *La Littérature latine inconnue*, Paris, 1956.

G. CHARLES-PICARD, *Auguste et Néron. Le secret de l'Empire*, Paris, 1962.

E. CIZEK, *Structure et idéologie dans les Vies des douze Césars de Suétone*, Paris, 1977.

E. CIZEK, *Néron*, Paris, 1982.

J. GASCOU, *Suétone historien*, École française de Rome, Paris, 1984

P. GRIMAL, *Les Mémoires d'Agrippine*, Paris, 1992.

J. MELMOUX, *L'Empereur Claude*, 1995

P. PETIT, *Le Haut-Empire. Histoire générale de l'Empire romain*, Paris, 1974.

J. ROBICHON, *Néron ou la comédie au pouvoir*, Paris, 1985.

Rome, Iᵉʳ siècle ap. J.-C., *Autrement*, coll. Mémoires, n°43, avril 1996.

TABLE

Ce volume,
le cinquième
de la collection « Classiques en poche »,
publié aux Éditions Les Belles Lettres,
a été achevé d'imprimer
en octobre 2013
sur les presses
de la Nouvelle Imprimerie Laballery
58500 Clamecy, France

Dépôt légal : octobre 2013
No d'édition : 7696 – No d'impression : 310029

Imprimé en France